Verantwortung für ein soziales Europa

Herausforderungen einer verantwortlichen sozialen Ordnung im Horizont des europäischen Einigungsprozesses

Eine Denkschrift der Kammer
der Evangelischen Kirche in Deutschland
für soziale Ordnung

Gütersloher Verlagshaus Gerd Mohn

Im Auftrag des Rates der Evangelischen Kirche in Deutschland
herausgegeben vom Kirchenamt der EKD

Die Deutsche Bibliothek – CIP-Einheitsaufnahme

Verantwortung für ein soziales Europa: Herausforderungen einer verantwortlichen sozialen Ordnung im Horizont des europäischen Einigungsprozesses; eine Denkschrift der Kammer der Evangelischen Kirche für Soziale Ordnung / [im Auftr. des Rates der Evangelischen Kirche in Deutschland hrsg. vom Kirchenamt der EKD]. – Gütersloh: Gütersloher Verl.-Haus Mohn, 1991
ISBN 3-579-01964-3
NE: Evangelische Kirche in Deutschland / Kammer für Soziale Ordnung

ISBN 3-579-01964-3

Umschlagentwurf: Brigitte Willberg, Eppstein 2
Gesamtherstellung: Clausen & Bosse, Leck
Printed in Germany

Inhalt

Vorwort

Dankbar sehen wir in diesen Tagen: Der Prozeß des Zusammenwachsens der Europäischen Gemeinschaft (EG) geht mit großen Schritten voran. Im wirtschaftlichen und im politischen Bereich ist es zu einer Zusammenarbeit der Staaten in Westeuropa gekommen, wie wir dies vor zwanzig Jahren noch für undenkbar hielten. Vieles ist jetzt in Bewegung. Die Veränderungen in Osteuropa bedeuten neue, große Herausforderungen. Bis zum Ende des Jahres 1992 soll der europäische Binnenmarkt vollendet sein. Mit diesem Datum dürften tiefgreifende Auswirkungen auch auf die Sozialkultur und die Arbeitswelt der Menschen in Europa verbunden sein. Ist sichergestellt, daß es nicht auch zu Fehlentwicklungen kommen kann? Haben wir uns genügend nicht nur für die wirtschaftliche, sondern vor allem auch für die soziale Gestaltung dieses Europa eingesetzt? Und vor allem: Haben wir als Kirchen unsere Mitverantwortung für das Gemeinwesen Europa erkannt?

Von Jean Rey, dem ehemaligen Präsidenten der Kommission der Europäischen Gemeinschaft, stammt der Ausspruch: »Die Welt ordnet sich in Kontinenten. Die Christen müssen sich in neuen Aktionen bewähren, die dem neuen Rahmen angemessen sind. Auch die Gestaltung des europäischen Kontinents geht mit Vorrang die Kirchen an.« In der Tat, die Christen dürfen jetzt nicht einfach Zuschauer sein. Sie müssen erkennen, daß auch sie betroffen und einbezogen sind. Der Glaube an die Frohe Botschaft von der Versöhnung Gottes in Jesus Christus führt uns Christen in eine Mitverantwortung auch für das Gemeinwesen Europa. Es geht um eine Mitverantwortung für die Europäische Gemeinschaft der zwölf EG-Mitgliedsstaaten von heute, für die erweiterte Gemeinschaft von morgen, für das »gemeinsame europäische Haus« und auch dafür, wie sich Europa gegenüber der außereuropäischen Welt verhalten wird. Diese Verantwortung schließt das Mitdenken und Handeln ebenso ein wie das Gebet.

Die Kammer der EKD für soziale Ordnung hat eine Denkschrift erarbeitet, die insbesondere die Fragen der sozialen Gestaltung Europas anspricht. Hier geht es um grundlegende Fragen zu den Stichworten Arbeit, Arbeitsbedingungen, soziale Sicherheit, Familie, Ausländer und vieles andere mehr. Der Entwurf beschreibt die neuralgischen Punkte im Einigungsprozeß. Er weist auf die wichtigen sozialpoliti-

schen und sozialkulturellen Probleme hin und formuliert Erfordernisse einer gedeihlichen europäischen Entwicklung. Immer wieder werden hier auch Stimmen aus dem Raum der Kirchen zitiert und in Erinnerung gebracht.
Der Rat der Evangelischen Kirche in Deutschland hat die Ausarbeitung der Kammer mit Dank und Zustimmung zur Kenntnis genommen. Es ist sein besonderes Anliegen, daß diese Denkschrift vor allem im Raum der evangelischen Christen in Europa Verbreitung und Aufmerksamkeit findet. Sie soll darüber hinaus aber auch die Engagierten, Entscheidungsträger und Verantwortlichen in Deutschland und in den Nachbarländern ansprechen. Ich wünsche der Schrift eine aufgeschlossene und konstruktiv kritische Diskussion.

Hannover im Oktober 1991
Bischof Dr. Martin Kruse
Vorsitzender des Rates
der Evangelischen Kirche in Deutschland

A. Herausforderungen des europäischen Einigungsprozesses

1. Europa auf dem Wege der Einigung

(1) Der Prozeß der Integration in Europa hat sich beschleunigt. Die Europäische Gemeinschaft steht vor der Verwirklichung des gemeinsamen Binnenmarktes. Weitere Staaten bemühen sich um einen Beitritt oder um ein möglichst günstiges Verhältnis zur Europäischen Gemeinschaft. Mit dieser Entwicklung verstärken sich – trotz aller derzeitig sich zeigenden gegenläufigen Tendenzen – nach Jahrhunderten der Gegnerschaft und kriegerischer Auseinandersetzungen die Hoffnungen auf ein friedliches und gemeinschaftliches Miteinander der Menschen in Europa.

(2) Die Evangelische Kirche in Deutschland hat im Frühjahr 1991 betont, sie unterstütze »das Ziel der Europäischen Gemeinschaften (EG) und ihrer Mitgliedsstaaten, Europa politisch, wirtschaftlich und sozial zu einen. Sie leitet aus ihrem christlichen Verkündigungsauftrag die Verantwortung ab, ihre Vorstellungen von der Gestaltung einer menschlichen Gesellschaft in den europäischen Einigungsprozeß mit einzubringen.« Der Beitrag der Christen, im Sinne *christlicher Weltverantwortung* in die Strukturen der europäischen Gemeinschaft hineinzuwirken, zielt auf konkrete Fragen in Gesellschaft, Politik und Wirtschaft. Europa bedarf einer bewußten sozialen Gestaltung. Die europäische Wirtschaftsgemeinschaft, die sich zunächst und vor allem als ein gemeinsamer Markt darstellt, darf nicht den Eigengesetzlichkeiten von Handel, Wirtschaft und Technik überlassen werden, geschweige denn den Steuerungsmechanismen einer Bürokratie, die für den einzelnen Bürger kaum noch durchschaubar ist. Europa braucht wachsame und mitgestaltende Kirchen.

(3) Immer wieder haben *Christen in Deutschland* ihre Stimme erhoben, um die Verwirklichung eines Europa des Friedens, der Solidarität und der sozialen Sicherheit anzumahnen. Ihre Überzeugung von seiner Notwendigkeit und ihr Glaube an seine Möglichkeit haben Anteil

an der Entwicklung des neuen Europa. Zugleich aber beobachten sie auch mit Sorge, daß in manchen Entwicklungen das gemeinsame Ziel in seinen humanen, sozialen und kulturellen Dimensionen aus den Augen geraten könnte. Interessen politischer und wirtschaftlicher Macht, Eigennutz der Länder und ihrer Gruppierungen machen sich geltend. Das gemeinschaftliche Wohl droht hinter das Verlangen nach der Verbesserung nur partikularer Lebensbedingungen, nach der Bewahrung erworbener Privilegien und Vorteile, nach höheren Einkommen, nach mehr Freizeit und sichererem Gewinn, die nicht allen gleichmäßig zugute kommen können, zurückgedrängt zu werden. Deshalb mahnen sie die Wahrung der menschlichen Würde und der Fairness untereinander gerade bei der gegenwärtigen Entwicklung an.

(4) In Apostelgeschichte 16,9 heißt es, dem Apostel Paulus sei im Traum ein Mann aus Mazedonien erschienen, der ihn gebeten habe: »Komm herüber nach Mazedonien und hilf uns!« In späteren Zeiten sah die Kirche in diesem Traum und seinen Folgen den Beginn der Ausbreitung des Christentums nach Europa. Paulus und seine Begleiter folgten dem Ruf in der Gewißheit, daß sie »Gott dahin berufen hätte, ihnen das Evangelium zu predigen« (Vers 10). Dieser Ruf gilt noch heute. Damals wie heute geht es um eine umfassende Hilfe, um das individuelle und gesellschaftliche irdische Wohl und um das ewige Heil. Europa ist ein Arbeitsfeld, auf dem die Kirchen den Glauben an das Evangelium auch durch die Liebe in Strukturen zu bewähren haben. Der Dienst und die Verantwortung für Europa gehören unmittelbar mit zum Auftrag des Evangeliums an die Kirche.

(5) Gute Gründe führten zur Rede vom »christlichen Abendland«, von der »christlichen Kultur« und der »christlichen Sitte«. Europa ist ein geschichtlich geprägter Ort des christlichen Zeugnisses in einer gleichermaßen von Kräften des Glaubens und Kräften des Zweifels bestimmten Welt. Ein großer Teil der Menschen Europas gehört auch heute einer christlichen Kirche an. Das tatsächliche Verhalten der Kirchen und der Christen hat allerdings in der Vergangenheit und bis in die Gegenwart hinein oft nicht der anvertrauten Botschaft und der Versöhnung in Jesus Christus entsprochen. Zur Geschichte Europas gehört daher auch die Schuld, welche die Kirchen auf sich geladen haben. Die Botschaft von der Versöhnung in Jesus Christus steht als Verheißung und Verpflichtung, als Bezeugung der Schuld und auf-

richtende Wegweisung über den Entscheidungen, die auf uns zukommen. (Erklärung des Rates der EKD vom 21. Oktober 1978)

(6) Europa leitet seine kulturelle Einheit aus dem *antiken und nicht zuletzt auch christlichen Erbe* her. In diesem Gebiet sind beeindrukkende Leistungen des Denkens, der Forschung, Wissenschaft und Technik, der gesellschaftlichen Ordnung, der politischen Gestaltung, der Architektur, des künstlerischen Wirkens in Musik und Malerei entstanden. Die europäische Kultur konnte an viele Errungenschaften bedeutender Hochkulturen anknüpfen und die moderne wissenschaftlich-technische Zivilisation, aufgeklärte und freiheitliche Gemeinwesen und Standards des menschlichen und menschenwürdigen Lebens ausbilden. Der Kultur- und Sozialraum Europa ist geprägt von einer gemeinsamen Geschichte. Aber auch erschreckende Realitäten gehören zur Geschichte Europas. Der Name Europa steht bis in die Gegenwart auch für Kriege, – Bürgerkriege, Konfessionskriege –, koloniale Expansion, Rassismus, Diskriminierung, ökonomische Ausbeutung, kulturelle Vorherrschaft und ökologische Verantwortungslosigkeit. Dadurch wirkt die europäische Geschichte schillernd, zwiespältig und widersprüchlich.

(7) Unter dem *Begriff »Europa«* soll hier zunächst die Europäische Gemeinschaft mit ihren (derzeit) zwölf Mitgliedsstaaten verstanden werden. Europa im weiteren Sinn aber ist mehr als nur dieser Kreis von zwölf Staaten; es umfaßt auch europäische Kernländer wie die Schweiz, Österreich und die skandinavischen Länder (EFTA-Staaten), aber auch die ost- sowie südosteuropäischen Nachbarländer, die seit 1973 der Konferenz für Sicherheit und Zusammenarbeit in Europa (KSZE) angehören.

(8) Der am weitesten gediehene Teil des überstaatlichen Einigungsprozesses ist die *Europäische Gemeinschaft*. Ihre Attraktivität wird weiter zunehmen, zugleich aber auch die Verantwortung für andere. Die EG nahm ihren Anfang nach dem Zweiten Weltkrieg zunächst mit dem Vertrag über die Europäische Gemeinschaft für Kohle und Stahl (Montanunion), der am 23. Juli 1952 in Kraft trat, sowie den Verträgen zur Gründung der Europäischen Atomgemeinschaft (Euratom) und der Europäischen Wirtschaftsgemeinschaft (EWG), die am 1.1.1958 wirksam wurden. Aufgrund des Vertrages zur Einsetzung eines gemeinsamen Rates und einer gemeinsamen Kommission der Europäischen Gemeinschaften (Fusionsvertrag) vom 8. April 1965 weisen diese drei rechtlich nach wie vor eigenständigen Gemein-

schaften gemeinsame Organe auf. Nicht zuletzt deshalb spricht man insbesondere in politischer Hinsicht auch von der Europäischen Gemeinschaft. Die gemeinsame Agrarpolitik (1962), die gemeinsame Handelspolitik (1973) und das Europäische Währungssystem (1979) waren wichtige Etappen auf dem Wege zu einem einheitlichen Binnenmarkt, der bis Ende 1992 vollendet werden soll. Die am 1.7.1987 in Kraft getretene Einheitliche Europäische Akte ist die erste umfassende Reform und Erweiterung der Gründungsverträge der Gemeinschaft. Die Mitglieder der europäischen Gemeinschaft haben damit bereits jetzt auf einen wesentlichen Teil ihrer nationalen Souveränität verzichtet. Unter den neuen Aufgaben, die sich die Gemeinschaft stellte, wird neben einer engeren wirtschafts- und währungspolitischen Zusammenarbeit auch die Verstärkung der sozialen Dimension der EG-Politik aufgeführt durch Verbesserung der Arbeitsbedingungen und die Entwicklung des sozialen Dialogs auf europäischer Ebene. In gemeinsamen Projekten, gemeinsamen Fonds, abgestimmten Vorhaben, in der Schaffung von Stellen und Organen ist bereits jetzt ein Zeichen der Solidarität unter den europäischen Völkern sichtbar geworden. Mit der geplanten Wirtschafts- und Währungsunion wird die Wirtschaftspolitik in absehbarer Zeit nur noch in eingeschränktem Umfang national bestimmt sein und die Geldpolitik weitgehend auf gemeinschaftliche Institutionen übergehen. Die »politische Union«, über die gegenwärtig ebenfalls intensiv verhandelt wird, wird ein weiterer Schritt auf dem Wege zu einer Europäischen Union sein.

(9) Die endgültige *Gestalt eines neuen Gesamt-Europa* ist jedoch noch nicht genau zu erkennen. Seine Verwirklichung rückt näher, beschleunigt auch durch den deutschen Einigungsprozeß und durch die Entwicklung der Europäischen Gemeinschaft. Aus der Wirtschaftsgemeinschaft einiger westeuropäischer Staaten kann eine politische, gesellschaftliche und kulturelle Einheit werden, die weit über den engen Kreis der Kernstaaten der Europäischen Gemeinschaft hinaus geht und vor allem auch die Staaten des Ostens, die sich auf dem Wege zur Demokratie befinden, mit einbezieht. Die Teilungen Europas in der Folge des Zweiten Weltkriegs (»Eiserner Vorhang«) sind weitgehend überwunden, voran die deutsche Teilung. Das vereinigte Deutschland darf aber nicht einfach als eine »vergrößerte Bundesrepublik« verstanden werden. Mit der Vereinigung der beiden Teile, die über vierzig Jahre unterschiedliche Entwicklungen erfahren haben,

entsteht etwas Neues für beide, für die bisherige Bundesrepublik wie für die bisherige DDR. Der deutsche Prozeß ist eingebettet in den Prozeß der gesamteuropäischen Entwicklung; die zugleich voranschreitende Vervollständigung der Strukturen der Europäischen Gemeinschaft setzt dafür bestimmende Tatsachen.

(10) Vor den Europäern liegen nunmehr wichtige Aufgaben der gegenseitigen Hilfe, des Beistandes, der Kooperation, des Austausches auf vielfältigen Gebieten und des gemeinsamen Eintretens für eine verantwortliche Weltgemeinschaft. Die Verantwortung für gemeinsame politische Strukturen des Kontinents werden – angesichts der Gefahr des Wiederauflebens separatistischer Bestrebungen – täglich deutlicher. Die sich jetzt bietende Chance eines solidarischen, friedlichen und gerechten Miteinanders ist nach Jahrhunderten der Zersplitterung in Nationen, Macht- und Interessensphären, Konfessionen und Sprachen eine geradezu *epochale Herausforderung*. Wie wichtig es ist, eine solche Chance zu nutzen, zeigt in diesen Monaten in Ost- und Südeuropa die zerstörerische Macht der traditionalistischen Nationalismen, die eine Gemeinsamkeit von Nationen und Volksgruppen erschweren oder unmöglich machen.

(11) Die Veränderungen in Europa im Zuge der Vollendung des europäischen Binnenmarkts sind mit *grundlegenden sozialethischen Fragen* verbunden. Es geht hierbei nicht einfach darum, eine Gemeinschaft von Staaten organisatorisch, wirtschaftlich und politisch zusammenzuführen, sondern es geht um Schicksale von Menschen, um Fragen sozialer Integration, um Partizipation, Partnerschaft, gleiche Lebenschancen, Sicherung und Verbesserung von Lebensverhältnissen, Veränderungen und Erhaltung von sozialkulturellen Traditionen geschichtlich geprägter Regionen. Es geht um die Verantwortung für die Gestaltung einer gerechten Sozialstruktur, um die Verantwortung für Benachteiligte und Schwache, um Fragen der Menschen aus Drittländern und ihre Rechte und um die Verantwortung gegenüber den Ländern der Dritten Welt.

(12) Bei der weiteren Ausgestaltung der Europäischen Gemeinschaft müssen Vorstellungen von der sozialen Ordnung ganz Europas erkennbar werden. Davon ist noch wenig sichtbar; die *Vision eines sozial ausgeglichenen und integrierten Europa* muß noch deutlicher Gestalt annehmen. Die Staaten der Europäischen Gemeinschaft tragen eine Verantwortung, die weit über die Verantwortung für die wirtschaftliche Entwicklung ihrer eigenen Länder und den Wohlstand

ihrer Einwohner hinausgeht. Deshalb sind die Begleiterscheinungen für die soziale Sicherheit und die Auswirkungen für die Menschen und ihr Leben sorgsam zu bedenken. Die Bedingungen der Arbeitswelt müssen dabei besonders beachtet werden.

(13) Die Europäische Gemeinschaft ist nicht nur als Wirtschaftsverband gedacht; sie will mehr sein. In der Gemeinschaft steht – bereits entsprechend der Präambel zum EWG-Vertrag – der »soziale Fortschritt« gleichgewichtig neben dem »wirtschaftlichen Fortschritt«. Während dieser jedoch mit der Errichtung des gemeinsamen Binnenmarktes verwirklicht wird, steht die *konsequente Ausgestaltung der »sozialen Dimension«* noch aus; der Europäischen Gemeinschaft fehlen handhabbare Kompetenzen – z. B. in Folge des Einstimmigkeitsprinzips – zu ihrer Ausgestaltung. Die Mitgliedsstaaten müssen sich auch sozialpolitisch einander annähern. Realistisch gesehen ist dies nicht in kürzeren Zeiträumen zu leisten.

(14) *Ziel* der Bemühungen im europäischen Einigungsprozeß muß ein Europa des äußeren, inneren und sozialen Friedens sein, der Freiheit, der Gerechtigkeit und der Solidarität. Die soziale Sicherheit muß von den Menschen in den Ländern Europas erfahrbar sein. Die Sicherheit der Arbeitswelt mit ihren Auswirkungen im Alltag schafft den Raum, in dem sich Menschen – eingebettet in den Schutz der Familien – entfalten können. Vielfach wird als Ziel nur der allgemeine Wohlstand genannt. Gewiß, materieller Wohlstand ist eine der Bedingungen einer Neugestaltung Europas, er kann jedoch nicht ihr alleiniges Ziel sein. Vordringlicher ist die Wohlfahrt. Sie schließt die Würde des Menschen, die Wahrung seiner Sozialbeziehungen, Solidarität, Schutz vor Verarmung und gegen Ausnutzung, Frieden und Verantwortung für die Länder der Dritten Welt ein. Der Mensch in all seinen Lebensbezügen muß gedeihen können. Das Zusammenleben muß von zunehmender sozialer Gerechtigkeit bestimmt werden, vor allem auch in der Arbeitswelt.

(15) In der beschleunigten technologisch-wirtschaftlichen Entwicklung besteht aber offenbar die *Gefahr*, daß Chancen versäumt, Gewonnenes verspielt und Mitleid vergessen werden könnten, daß die bedrängte Lage vieler Menschen übersehen oder übergangen wird. Damit würden Weichen gestellt und Entwicklungen eingeleitet, deren Folgen nachträglich nicht leicht zu berichtigen wären. Das kann insbesondere dann geschehen, wenn die Förderung der wirtschaftlichen Entwicklung alle Aufmerksamkeit allein beansprucht.

(16) Der Binnenmarkt enthält Chancen, aber auch *Risiken* für die Arbeitnehmer in ihren sozialen Schutzrechten. Da die Unternehmungen sich bei zunehmendem Wettbewerbsdruck um eine Senkung der Kosten bemühen müssen, wird der Spielraum für Lohnerhöhungen eingeengt, Lohnnebenkosten und arbeits- und sozialrechtliche Bestimmungen, insbesondere Mitwirkungsrechte der Arbeitnehmer, Schutzrechte wie den Kündigungsschutz, Arbeitszeitregelungen und Sozialpläne drohen unter Druck zu geraten. Dabei können bestehende nationale Rechte durch internationale Regelungen ausgehöhlt oder sogar abgebaut werden. Wenn hiergegen nicht rechtzeitig verbindliche Vorschriften geschaffen werden, so kann die Position der Arbeitnehmer – insgesamt und in Deutschland trotz Fortgeltung der bestehenden Mitbestimmungsregelungen – durch die Entwicklung des Binnenmarktes geschwächt werden; das wird später nur schwer revidierbar sein. Schon gegenwärtig entstehen – nicht allein in internationalen Unternehmungen – de facto Rechtsformen, die eine ausreichende Einbindung von Rechten der Arbeitnehmer vermissen lassen. Auch und gerade in der Arbeitswelt können so Bedingungen eintreten, die zusätzliche Belastungen und Gefährdungen schaffen und den Zugang zur Verwirklichung persönlicher Entwicklungen verstellen.
(17) Die Bemühungen um eine Steigerung der Wirtschaftskraft und des Einkommensniveaus bringen neben ihren wichtigen und unbestrittenen Vorteilen *Risiken und Differenzierungen* mit sich, denen nur in gezielter Förderung und mit sukzessiven Ausgleichsmaßnahmen für bestimmte Regionen und soziale Gruppen begegnet werden kann. Für eine gewisse Zeit wird nicht nur »der Süden der Gemeinschaft«, sondern auch das Gebiet der bisherigen DDR die verantwortungsbewußte Aufmerksamkeit der europäischen Politik beanspruchen müssen. Der Drei-Stufen-Plan, den die EG-Kommission in ihrem Protokoll zum innerdeutschen Handel skizziert hat, macht diese Intention deutlich. Dabei dürfen weder Deutschland noch die Europäische Gemeinschaft ihre Solidarität für die armen Regionen Europas aus den Augen verlieren.
(18) Gibt es Möglichkeiten einer gemeinsamen europäischen Sozialpolitik? Zwar gibt es in den Ländern der Europäischen Gemeinschaft mehr oder weniger funktionsfähige Systeme der sozialen Sicherheit. Sie sind jedoch zum Teil grundlegend verschieden, unterschiedlich leistungsfähig und unterschiedlich subventioniert.

Die *Systeme der sozialen Sicherung* in den europäischen Ländern enthalten – mehr oder weniger ausgeprägt und verschieden gewichtet – Formen, die am (Sozial-)Versicherungsprinzip oder am steuerfinanzierten Versorgungsprinzip orientiert sind:

- Das deutsche und kontinentaleuropäische Sozialversicherungsmodell: allgemeine, für verschiedene Berufsgruppen obligatorische und statussichernde Versicherungssysteme auf der Grundlage von Beitragszahlungen und staatlichen Zuschüssen (sog. Bismarck-Modell).
- Das englische Modell (benannt nach Lord Beveridge, 1942): allgemeine, einheitliche Sicherung durch staatliche Leistungen aus den Steuermitteln; das Leistungsniveau ist knapp bemessen und zielt unter Anwendung der beiden Prinzipien der Sozialversicherung und der Sozialunterstützung auf die Vermeidung von Notlagen.
- Das skandinavische Modell: allgemeine, einheitliche Sicherungseinrichtungen mit großzügigem Leistungsniveau und ausgebauten sozialen Dienstleistungen; »wohlfahrtsstaatliche« Maximalform der sozialen Sicherung über Steuermittel.
- Das bereichsorientierte Modell der USA wie auch der Schweiz: begrenzte und regional variierende Sicherungen für bestimmte Sozialkategorien und -bereiche, die beitragsfinanziert sind und sich als Ergänzung privater Initiative und selbstverantworteter Vorsorge verstehen.
- Das Modell südlicher Staaten einschließlich Griechenland: rudimentäres wohlfahrtsstaatliches System, teilweise ohne rechtlichen Anspruch auf Sozialhilfe. An Stelle sozialer Dienstleistungen und Einrichtungen der hoheitlichen und freien Träger spielen häufig noch immer die Familie, der »Clan« als soziales Netz ebenso eine große Rolle wie das vielfältige soziale Angebot der katholischen Kirche in lateinischen Ländern. Allerdings ist gegenwärtig ein starker Wandel zu beobachten.
- Die osteuropäischen Systeme sozialer Sicherung waren bisher stark in die staatswirtschaftlichen Strukturen integriert. Sie lassen sich in bestimmten Elementen mit dem skandinavischen bzw. dem Beveridge-Modell vergleichen, allerdings auf relativ niedrigem Leistungsniveau. Auch hier bahnt sich ein starker Systemwandel an.

Die Annäherung dieser Systeme der sozialen Sicherheit kann sich nur im Einklang mit der Entwicklung der Wirtschaftsverfassung und der wirtschaftlichen Leistungsfähigkeit in den Mitgliedsstaaten vollziehen. Der Prozeß wird in vielen Einzelschritten zu bewältigen sein und die unterschiedlichen Bedingungen und Entwicklungen in den Ländern und Regionen zu beachten haben. Die Gemeinschaft bleibt – entsprechende wirtschaftliche Fortschritte in den Regionen vorausgesetzt – zu ständigen Reformen und zu Maßnahmen des sozialen Ausgleichs verpflichtet.

(19) Ansätze für eine Sozialordnung der Europäischen Gemeinschaft sind in der *Gemeinschaftscharta sozialer Grundrechte der Arbeitnehmer* umrissen, die von elf der zwölf Mitglieder der Gemeinschaft am 9. Dezember 1989 angenommen wurde. In einer gemeinsamen Erklärung haben die katholische und die evangelische Kirche in der Bundesrepublik Deutschland am 31. Oktober 1989 ausdrücklich den in dem Entwurf für eine Gemeinschaftscharta der sozialen Grundrechte unternommenen Versuch, Lebens- und Arbeitsbedingungen innerhalb der Europäischen Gemeinschaft durch fortschrittliche Regelungen anzugleichen, begrüßt. Insbesondere unterstützen die Kirchen »die Bestrebungen, einen vergleichbaren Sozialschutz auch für Ältere und Behinderte herzustellen, und für Männer und Frauen gleichen Zugang zu beruflicher Bildung und Beschäftigung sicherzustellen. Dies sind in der Tat sehr wichtige Aufgaben der Gemeinschaftspolitik. Gerade aus kirchlicher Sicht kommt es darauf an, die wirtschaftliche Dimension des Binnenmarkts durch eine soziale entsprechend zu ergänzen.«

(20) Die Gemeinschaftscharta der sozialen Grundrechte der Arbeitnehmer hat auch *Mängel*. Das Dokument ist eine Absichtserklärung und hat nur empfehlenden Charakter. Rechtsansprüche sind aus ihr nicht abzuleiten. Praktische Konsequenzen hat diese Gemeinschaftscharta nur, insoweit die Europäische Kommission daraus Vorlagen für den EG-Ministerrat – dem aus den Staats- und Regierungschefs der EG-Staaten bestehenden derzeitigen Gesetzgebungsorgan der EG – erstellt und durchzusetzen vermag. Das ist natürlich nur bei solchen Anliegen zu erwarten, die kaum kontrovers erscheinen. Nur Richtlinien und Verordnungen werden zu rechtsverbindlichen Vorschriften der Gemeinschaft; sie werden, soweit das abzusehen ist, lediglich solche Regelungen betreffen, die in den bestehenden Vereinbarungen der beteiligten Länder bereits vorgezeichnet sind. Die in der

Gemeinschaftscharta formulierten Postulate sind unvollständig und insgesamt nicht weitgehend genug. Besonders strittige Punkte wurden ganz ausgelassen.

(21) Aus der Gemeinschaftscharta leitete die Kommission der Europäischen Gemeinschaft ein *Aktionsprogramm* ab, das bestimmte Vorlagen für Richtlinien und Änderungen der bestehenden Verordnungen enthält; sie werden nach den Vorstellungen der EG-Kommission bis Ende 1991 vorgelegt und bis zur Vollendung des Binnenmarktes beschlossen sein. Weitergehende Vorstellungen dazu finden sich in der »Entschließung zu dem Aktionsprogramm der Kommission zur Anwendung der Gemeinschaftscharta der sozialen Grundrechte« des Europäischen Parlaments vom 4. 10. 1990. Das kann nicht bedeuten, daß damit bereits die Entstehung und Weiterentwicklung eines europäischen Sozialsystems gewährleistet werden könnte. Vielmehr handelt es sich vorerst um einzelne, und zwar unstrittige, Regelungen. Ein soziales Konzept der Europäischen Gemeinschaft steht noch aus.

2. Neuralgische Punkte im Einigungsprozeß

(22) Es ist keineswegs sichergestellt, daß der wirtschaftliche Fortschritt der Europäischen Gemeinschaft auch von einem sozialen Fortschritt begleitet sein wird. Die *wirtschaftliche Integration kann auch zum Nachteil erreichter sozialer Schutzstandards*, sozialer Besitzstände und Regulierungen vor sich gehen. Länder mit einer eher liberalen und vergleichsweise wenig kostenintensiven sozialen Sicherung fürchten den Import fortschrittlicherer sozialer Regelungen und antworten darauf mit einem offensiven »Gegenimport«. Dies zeigt eine insgesamt spannungsvolle Situation.

(23) In der Tat gibt es Bemühungen um eine »Deregulierung« der Rahmenbedingungen des Wirtschaftens, die zu Lasten sozialer Standards gehen können. Die Unterschiedlichkeit der Sozialsysteme in den europäischen Ländern kann unter dem Vorwand der Herstellung gleicher Marktchancen zu einer »*Nivellierung nach unten*« genutzt

werden. Es gibt Versuche, soziale Besitzstände wie etwa das Verbot der Sonntagsarbeit oder Ladenschlußzeiten zum Nachteil der Beschäftigten zu verändern und soziale Fortschritte unter dem Hinweis auf die niedrigeren Standards in anderen europäischen Ländern zu behindern.

(24) Schon zeichnen sich Begleiterscheinungen der Entwicklung zum Binnenmarkt ab, die Bedenken hervorrufen müssen. Angesichts des zu erwartenden und zunehmenden Wettbewerbsdrucks erscheint manchen die *Beachtung sozialer Belange nachrangig*. Nationalistische Untertöne sind nicht zu überhören, wenn es um die Beratung von gemeinschaftlichen Anliegen oder um die Rechte von Zuwanderern geht. Oft wird die Argumentation mehr von dem Bemühen geleitet, den Status quo zu erhalten, als davon, in der Richtung auf eine gemeinsame Zukunft voranzukommen. Dabei ist gerade im Hinblick auf die gegenwärtigen und künftigen Umwälzungen, zu denen der Binnenmarkt führt und bei Erweiterung der Gemeinschaft in noch weit größerem Maße führen wird, Solidarität mit den Schwächeren gefragt; sie kann in den bislang gegebenen institutionellen Strukturen der Europäischen Gemeinschaft kaum gedeihen oder gesichert werden.

Ein *Beispiel* der gegenwärtigen Entwicklung ist der Umgang mit dem arbeitsfreien Sonntag und dem Wochenende. In allen Ländern der EG gab und gibt es entsprechende Verbote von Sonntagsarbeit mit nur eng begrenzten Ausnahmeregelungen. Die fortschreitende wirtschaftliche Zusammenarbeit und Schaffung eines gemeinsamen Binnenmarktes bringen die Tendenz zu mehr Gleichheit bei den Wettbewerbsbedingungen mit sich. Wenn etwa in Belgien die Arbeit am Sonntag in wirtschaftlich begründeten Ausnahmefällen möglich ist, so bedeutet das für die belgische Textilindustrie, die mit vergleichbar qualifizierten Mitarbeitern und gleich guten Maschinen arbeitet wie die Textilindustrie in Norddeutschland, einen Wettbewerbsvorteil. Der Konkurrent in Belgien ist für den deutschen Unternehmer durch den gemeinsamen Markt einem inländischen Konkurrenten vergleichbar. Seine teuren und aufwendigen Maschinen werden durch die Sonntagsarbeit kostengünstiger genutzt. Die Unternehmen in Deutschland fordern deshalb die Ermöglichung von Ausnahmen vom Verbot der Sonntagsarbeit aus wirtschaftlichen Gründen auch bei uns. Sie richten die Frage an die Kirche, warum es in Deutschland nicht möglich ist, in Ausnahmefällen sonntags zu arbeiten, wenn dies doch »in einem christlichen Land wie Belgien« möglich ist. Die Forderung der Kirchen in Deutschland nach einem Festhalten am Schutz des Sonntags und am Verbot von Sonntagsarbeit aus wirtschaftlichen Gründen leuchtet ihnen nicht ein. Die Kirchen machen dagegen geltend, daß der biblische Sinn des christlichen Feiertages die Begrenzung des Anspruchs des Ökonomischen auf den Menschen sei. Der Sonntag ist vor allem die gemeinsame Zeit der Familie, der Freunde und Nachbarn. Länder wie Belgien, Spanien und Portugal haben die Sonntagsarbeit aufgrund ihrer hohen Arbeitslosigkeit möglich gemacht. Die Kirchen sehen darin gleichsam eine »Verzweiflungstat«. Würde man nun auch in Deutschland den arbeitsfreien Sonntag preisgeben, so hätten die belgischen und portugiesischen Arbeitnehmer ihren Sonntag endgültig verloren und die deutschen Arbeitnehmer hätten einen wichtigen humanen Besitzstand verkauft. Würde man Ausnahmemöglichkeiten aus wirtschaftlichen Gründen zulassen, so wäre die Folge ein »Dammbruch«, denn weite Kreise der Wirtschaft würden diese Möglichkeit zum Nachteil der Arbeitenden in Anspruch nehmen. Ziel muß es sein, eine europaweite Regelung zum Schutz des arbeitsfreien Sonntags zu schaffen.

2.1. Abbau traditioneller Sozialstrukturen

(25) Generelle Regelungen für eine große Gemeinschaft von unterschiedlichen Ländern bergen insbesondere dann, wenn sie nach den Kriterien moderner Verwaltung und Wirtschaftsführung konzipiert sind, das Risiko, die vorhandenen traditionalen, geschichtlich bedingten *Sozialstrukturen zu beschädigen,* ohne sie durch adäquate neue zu ersetzen. Es tritt ein Wandel der familialen Strukturen und der integrierenden Gruppen in der Gesellschaft ein, der auf diese belastend wirkt und zerstört, ohne etwas Vergleichbares neu aufzubauen. Die individuelle Lage des Erwerbstätigen wird in der neuen, großen Gemeinschaft deutlicher beachtet als die der bewahrenden Ressourcen einer Gesellschaft wie etwa des Familienverbands oder der örtlichen Gemeinschaft. Verflechtungen und Verpflichtungen, die auf den lokalen, überschaubaren Lebensraum keine Rücksicht nehmen, erweisen sich gegenüber denen der menschlichen Alltagswelt als stärker.

(26) Es kann nicht der Sinn der europäischen Einigung sein, die sozialen Verhältnisse schematisch so zu entwickeln, daß sie allein von rationellen Kriterien geprägt sind und sonstige sozialen Eigentümlichkeiten und Kulturen geschwächt und schließlich aufgelöst

werden. Die Motivation der Bevölkerung, sich auch gravierenden Veränderungen zu stellen, hängt nicht zuletzt davon ab, daß das zur Zeit Notwendige zu dem als wertvoll Erfahrenen in ein glaubhaftes Verhältnis gesetzt wird. Der *Schutz des einzelnen und seiner menschlichen Beziehungen vor technischen, wirtschaftlichen und administrativen Überforderungen* ist die Aufgabe der öffentlichen Instanzen auf nationaler wie auf internationaler Ebene. Die Kirche ist ihre Anwältin.

Das Selbstvertrauen und Weltverständnis der Menschen ist eingebettet in die Formen und Deutungen ihrer Kultur. In ihr sind die Familien und die örtlichen Gemeinschaften begründet. Möglichkeiten und Bedingungen gegenseitiger Unterstützung, das Verhältnis aufeinanderfolgender Generationen zueinander sind in ihnen definiert und gesichert. *Selbstverständnis, soziale Identität und Übereinstimmung,* vielfach festgelegt in Sitten und Bräuchen, sind in langen historischen Prozessen entstanden. Ihre Entstehung war in der Regel nicht das erklärte Ziel politischer Aktionen, sondern das Ergebnis des Zusammenwirkens vieler Handlungen und Absichten. Die soziale Stabilität wird mehr durch Wertvorstellungen und Gebräuche gewährleistet als durch förmliche Vorschriften und Organisationen. Sie sind als »Gegengewichte« gegenüber säkularen Tendenzen notwendig, um die soziale Entwicklung in einem stabilen Gleichgewicht zu erhalten. Sie lassen sich zwar schnell vernichten, aber nicht einfach – und schon gar nicht durch administrative Regelungen – ersetzen.

Die sozialen Kulturen waren stets eng mit den Bedingungen der Existenzsicherung verknüpft. Die Arbeit in der örtlichen Gemeinschaft war über lange historische Perioden auf die Bedürfnisse aller Beteiligten abgestimmt. Mit der industriellen Entwicklung ist die Existenzsicherung von *übergreifenden Organisationsformen* übernommen worden; der Prozeß wird sich im vereinigten Europa im größeren Maßstab fortsetzen. Die Übernahme der wichtigsten Lebensrisiken durch die Allgemeinheit ist notwendig und wünschenswert, erreicht aber gerade dort nicht alle Menschen, wo die Lebensbedingungen noch stark von traditionalen Verhältnissen bestimmt sind. Die Überleitung traditioneller Arbeitsbedingungen und Lebensverhältnisse in moderne und sozial abgesicherte, wie dies für eine Hebung des Wohlstandes und eine Steigerung der Produktivität notwendig ist, kann nur allmählich geschehen und sollte behutsam vorgenommen werden.

Verhältnisse, die den Menschen als Person ernst nehmen und ihn in die soziale Umgebung seines Lebensablaufs eingliedern, sind zu erhalten oder zu entwickeln. Sie bestehen vielfach selbst in den ländlichen Gebieten nicht mehr

unbeschädigt; aber ihre vorhandenen Bestände sollten pfleglich behandelt und vorsichtig in neue soziale Bedingungen überführt werden. Die Umstellung fordert von manchen mehr, als sie zu leisten vermögen: Die notwendige soziale Mobilität beispielsweise kann eher von der Jugend als von älteren Menschen, welche aber in vielen kleineren Siedlungen fast in der Überzahl sind, realisiert werden.
Menschen leben in Gemeinschaften und sind in soziale Netze eingebunden. Eine Förderung allein der Lebens- und Arbeitsbedingungen der Individuen berücksichtigt nicht, daß der Mensch auf engere und weitere soziale Gemeinschaften – insbesondere der Familie, der Arbeitsgruppe und der örtlichen Gemeinde – angewiesen ist. Die soziale Unterstützung, die jeder aus den Beziehungen erfährt, in die er eingebunden ist, ist lebensnotwendig und kann in ihrer menschlichen Dimension nicht vollgültig ersetzt werden. Die Art der Haushaltsformen und Arbeitsverbände ist unterschiedlich, je nach Wirtschaftsverfassung und Tradition. Familienbetriebe, Manufakturen, Betriebsfertigung sowie alte und neue Formen der Heimarbeit können nicht über einen Leisten geschlagen werden. Generell ist zwischen agrarwirtschaftlichen und industriewirtschaftlichen Sozialverfassungen zu unterscheiden. Nur wenn dies bei den Regelungen berücksichtigt wird, kann der einzelne sie auch annehmen und nutzen. Die Beschäftigung von Frauen und Männern kann nur so weit ohne Schaden für ihre Lebenserfüllung realisiert werden, wie sie dabei auch der Verantwortung in der Familie gerecht werden können. Die wirtschaftliche Förderung von Gebieten kann nur so weit wirken, wie auch die Erhaltung der lokalen Gemeinschaften – in Dörfern und anderen Siedlungen – gewährleistet wird.

(27) *Armut* in den Agrargebieten mit traditioneller Landwirtschaft ist etwas anderes als in den industriell geprägten Gebieten und wieder etwas anderes als in den Dienstleistungsgesellschaften mit hohem Wohlfahrtsniveau. Solche Unterschiede sind nicht auf eine vereinfachende Formel zu reduzieren; ihren Ursachen und Folgen ist nicht mit denselben sozialpolitischen Maßnahmen zu begegnen. Zwar muß der Armut in erster Linie im eigenen Lande begegnet werden. Es liegen die Regionen der Armut aus europäischer Sicht eher in anderen Ländern als in Deutschland; und mit einer weiteren Ausdehnung der Europäischen Gemeinschaft werden noch weitere und umfangreichere Gebiete der Armut hinzukommen. Selbst wenn durch einen erfolgreichen Einsatz geeigneter regionalspezifischer Maßnahmen ein Optimum an Wohlstand und sozialer Sicherheit in den Regionen erreicht ist, werden Unterschiede wegen der kulturellen und land-

schaftlichen Eigenart der Regionen bestehen bleiben. Sie bedürfen jedoch des Ausgleichs nur in dem Maße, wie sie als diskriminierend empfunden werden.

2.2. *Probleme in der Folge der Industrialisierung Europas*

(28) Die Verbesserung der Lebensbedingungen im Zuge der Industrialisierung ist die Folge der technischen Entwicklung und ihrer organisatorischen Bewältigung, aber nur unter den eingrenzenden Bedingungen, die *von sozialen Bewegungen durchgesetzt* und von einer verantwortungsbewußten Politik geschaffen wurden. Sie haben die Entwicklung besonders der Systeme sozialer Sicherheit in Europa, des Arbeitsrechts und der Tarifpartnerschaft geprägt.

(29) In den Römischen Verträgen haben sich die Gründerväter ausdrücklich verpflichtet, »ihre Volkswirtschaften zu einigen und deren harmonische Entwicklung zu fördern, indem sie den *Abstand zwischen einzelnen Gebieten und den Rückstand weniger begünstigter Gebiete verringern.*« Diesem Ziel ist die Europäische Gemeinschaft bisher kaum nähergekommen. Die periodischen Berichte der EG-Kommission über die sozioökonomische Lage und Entwicklung der Regionen der Gemeinschaft zeigen vielmehr, daß im Verlauf der letzten beiden Jahrzehnte das Regionalgefälle innerhalb der Gemeinschaft eher noch zugenommen hat. So war 1985 das Bruttoinlandsprodukt je Einwohner in den zehn stärksten Regionen dreimal so hoch wie in den zehn schwächsten Regionen. Die Arbeitslosenquote in den schwächsten Regionen war fast sechsmal höher als in den stärksten Regionen.

Weite Gebiete der Europäischen Gemeinschaft, insbesondere die südlichen Regionen, sind noch vorwiegend landwirtschaftlich geprägt; dort bestehen traditionelle Armutsformen, die ebenso aufgehoben werden müssen wie traditionelle Formen erniedrigender Frauenarbeit. Künftig steht die technisch-industrielle Entwicklung im Vordergrund. Sie birgt hohe Beschäftigungsrisiken; eine entsprechende generelle Ausbildungs- und Arbeitsförderung ist daher unerläßlich. Die Umstrukturierung kann nur mit der Entwicklung der Systeme sozialer Sicherheit und der Partizipationssysteme einhergehen. Die Regionen der Europäischen Gemeinschaft müssen dabei entsprechend ihrer charakteristischen Unterschiede berücksichtigt werden. Über längere Zeit werden besondere Maßnahmen zur Strukturverbesserung der ländlichen Gebiete notwendig sein, damit eine Überleitung in moderne, nicht nur landwirtschaftliche Produktionsweisen geleistet werden kann, ohne daß die Landschaften sozial oder in ihren natürlichen Beständen veröden. Eine Bewältigung dieser Aufgaben ist nach dem gegenwärtigen Stand der Europäischen Gemeinschaft keineswegs gewährleistet.

(30) Die bestehenden Instrumente – und selbst die Finanzmittel der Struktur- und Regionalsfonds der Europäischen Gemeinschaft – sind für einen Lastenausgleich unzureichend und teilweise unwirksam. Zu oft ist zu beobachten, daß geltende Gesetze nicht im Sinne ihrer Zwecksetzung oder nur halbherzig angewendet werden, wenn sie den Interessen starker Kräfte in einem Lande oder einer Region entgegenstehen. Das gilt ebenso für die einzelnen Staaten wie für die Staatengemeinschaft insgesamt.

2.3. *Mangel an europäischer Sozialpolitik*

(31) Im sozialpolitischen Bereich gibt es auf EG-Ebene zwar rechtliche Vorschriften, aber es gibt keine ausgesprochene europäische Sozialpolitik, keine gezielte soziale Gestaltung des neuen Europa. Es fehlen eine ausreichende sozialpolitische Kompensation der wirtschaftlichen Entwicklung, eine verbindliche Sicherung bestehender Standards des sozialen Schutzes, verbindliche Mindestregelungen für alle Mitgliedsstaaten und vieles andere mehr. Rechtsvorschriften allein sind keine hinreichenden Mittel zur Entwicklung der europäischen Sozialordnung. *Es bedarf einer gestaltenden Sozialpolitik* auch auf europäischer Ebene mit einer ausgewogenen, differenzierten und letztlich auf Gemeinsamkeit ausgerichteten Entwicklung.

(32) Der Europäischen Gemeinschaft *fehlen dazu vorerst die notwendigen handhabbaren Kompetenzen. Es fehlen die Rahmenbedingungen, die finanziellen Mittel, es fehlt aber auch die Konzeption.* Selbst im Rahmen der jetzt möglichen Verfahren könnte der Vielfalt in der Gemeinschaft, den Erfordernissen einer angemessenen technischen Entwicklung, der Vereinbarkeit von Familie und Erwerbsarbeit, der Gleichbehandlung der Frauen und Männer, der sozialen Sicherheit, den Interessen der Arbeitnehmer und ihrer allgemeinen Freizügigkeit noch besser Rechnung getragen werden.

(33) Wird die *Rolle,* die der sozialen Verantwortung und der sozialpolitischen Gestaltung im Rahmen der wirtschaftlichen Vereinigung Europas zugeschrieben werden sollte, überhaupt richtig gesehen? Es ist aus sozialethischer Sicht doch bedenklich,

- wenn die Integration der Länder Europas als eine wirtschaftliche Integration verstanden wird, die von »sozialen Begleitmaßnahmen« lediglich »flankiert« wird.

Die Kommission der Europäischen Gemeinschaft zeichnet in ihrem Papier »Die Sozialpolitik der Gemeinschaft in der Perspektive 1992« ein Bild, in dem es darum geht, den gemeinsamen Binnenmarkt in Europa einzuführen und die dadurch hervorgerufenen sozialen Probleme durch besondere Maßnahmen gleichsam »abzufedern«. Nach den Worten der Kommission gilt es, »den sozialen Problemen im Zusammenhang mit der Harmonisierung der technischen Normen und des Gesellschaftsrechts Rechnung zu tragen und eine Reihe sozialer Veränderungen, die durch die Errichtung des großen Marktes hervorgerufen oder beschleunigt werden, vorherzusehen und durch geeignete Maßnahmen zu flankieren.« Es geht der Kommission dabei um die »Vorbereitung einer reibungslosen Anpassung an den großen Markt«. Das ist zweifellos zu wenig.

- wenn Sozialpolitik und verantwortliche Gestaltung des Sozialraums Europa lediglich dem Zweck dienen soll, Wettbewerbsunterschiede auszugleichen, und wenn sozialpolitische Maßnahmen zu einem Mittel der Wirtschaftspolitik gemacht werden, um auf diese Weise das soziale Umfeld und die soziale Infrastruktur so aufzubereiten, daß auf dieser Grundlage weitgesteckte wirtschaftliche Ziele verwirklicht werden können.

»Der große Markt«, so die Kommission der Europäischen Gemeinschaft, »darf keinen auf eine Ausnutzung der Arbeitskräfte beruhenden unlauteren Wettbewerb entstehen lassen.« Damit aber, so wird verschiedentlich gefolgert, entstehe die Frage, ob in einem Land mit hohem Sozialstandard alles so bleiben kann, wie es jetzt ist. Gemeinsame Wirtschaftsbedingungen im großen Binnenmarkt würden nicht nur Chancen eröffnen, sondern auch verstärkten Wettbewerb auslösen. Es bestehe also ein entsprechender Anpassungsbedarf. Auf der Gundlage dieses Ansatzes können soziale Errungenschaften in Einzelregionen in Frage gestellt werden, sozialpolitisch problematische Regelungen, die aus betriebswirtschaftlicher Sicht interessant sind, können zum Vorbild erhoben werden.

- wenn sozialpolitische Verbesserungen in einem sich ändernden Europa mit dem Hinweis auf »Sachzwänge« in Frage gestellt werden.

(34) Die soziale Gestaltung der Europäischen Gemeinschaft ist ein *eigenständiges Ziel* neben der wirtschaftlichen Gestaltung. Sozialpolitik ist kein Mittel zum (ökonomischen) Zweck. Ein Europa des sozialen Ausgleichs, einer hohen Beschäftigung, einer Mitsprache der Arbeitnehmer, einer Gleichheit der Chancen für Männer und Frauen am Arbeitsplatz, eines hohen Standards des Schutzes vor gesundheitlichen Gefährdungen am Arbeitsplatz zu schaffen, ist ein eigenständiges Ziel, das das Wohlergehen der Menschen zum Inhalt hat.

2.4. *Mangel an demokratischer Verfaßtheit der EG*

(35) Um den sozialen Risiken der Entwicklung begegnen und den Rahmen für eine wirksamere Sozialpolitik setzen zu können, bedarf die Europäische Gemeinschaft einer *erweiterten Handlungsfähigkeit*, einer *direkten Kontrolle* ihrer Institutionen und damit einer ausgestalteten *demokratischen Legitimation* ihrer Entscheidungen. Sie muß die tatsächliche Beachtung der bestehenden Regelungen wirksamer durchsetzen können. Voraussetzung hierzu ist eine weitere Entwicklung der gemeinsamen Institutionen der Europäischen Gemeinschaft zu »mehr (sozialer) Staatlichkeit«.

(36) Die EG-Kommission wird bisher nicht durch ein gewähltes *Parlament* wirksam kontrolliert. Sie ist daher nicht in der Lage, eine konsistente und dennoch nach den unterschiedlichen Bedürfnissen der Regionen differenzierte europäische Sozialordnung zu entwerfen oder mit Verfügungen auszufüllen, die bindende Kraft gegenüber den nationalen Regierungen hätten. Das Interesse der einzelnen Mitgliedsstaaten hat vielfach in der Entwicklung der Europäischen Gemeinschaft mehr Gewicht als das gemeinsame europäische Interesse. Demgemäß wirkt sich die dem Ministerrat zugeordnete entschei-

dende Rolle bei der Rechtsetzung dort, wo – wie im Sozial- und Arbeitsrecht – unterschiedliche Vorstellungen in den Mitgliedsstaaten bestehen, dahingehend aus, daß es nur sehr punktuell zu Regelungen kommt. Das Fehlen einer ausreichenden Kompetenz des Europäischen Parlaments hat einen gewichtigen Grund: Mehr Kompetenz würde die Preisgabe eines Teils der Souveränität der Länder bedeuten. Gerade aber im Blick auf die sozialpolitischen Aufgaben ist ein behutsames Verfahren der Kompetenzübertragung nötig.

(37) Eine *Verstärkung der Kompetenzen des EG-Parlaments* bei der Rechtsetzung könnte eine gemeinsame europäische Sozialpolitik fördern. Im Parlament könnte sich ein gemeinschaftlicher politischer Wille in bislang kontroversen – weil vor allem aus nationaler Sicht beurteilten – Fragen entwickeln, wie z. B. in der Frage der Beteiligung der Arbeitnehmer an den Entscheidungen in Betrieb und Unternehmen. Die Berechtigung dieser Annahme zeigt sich in den bisherigen Debatten des Parlaments. Sie dürfen in Zukunft nicht länger folgenlos bleiben.

(38) Nun wird das Fehlen einer gemeinschaftlichen Willensbildung auf der Ebene des Parlaments teilweise durch den *Europäischen Gerichtshof* ersetzt, der wichtige Funktionen im Zusammenspiel der europäischen Institutionen erfüllt. Er hat die beteiligten Länder mehrfach wirksam auf Unterlassungen oder Verzögerungen gegenüber den eingegangenen Verpflichtungen hingewiesen. Er hat damit einen Ausgleich im gesamteuropäischen Interesse gegenüber dem gerade bei konkreten Einzelentscheidungen vorwiegend nationenorientierten Verhalten der Mitglieder des Rates herbeigeführt. Andererseits sieht er sich wiederholt gezwungen, in Fragen zu entscheiden, in denen europaverbindliches Recht noch nicht besteht. Damit nimmt er auch politische Aufgaben wahr, die eigentlich der Legislative zukämen; unter den gegebenen Umständen muß und will er diese Rolle jedoch wahrnehmen. So sind finanzwirksame Entscheidungen gefallen, die sozialpolitische Probleme aufwerfen. Auch kann er u. U. in seinen Entscheidungen dem Gemeinschaftsrecht eine bestimmte Auslegung geben, die dann dazu führt, daß die nationalen Instanzen einschließlich der nationalen Gerichte hier widersprechendes Recht nicht mehr anwenden dürfen. Das betrifft selbst national letztinstanzliche Urteile, was gelegentlich zu Unsicherheit führen kann. Deshalb ist für die in der Europäischen Gemeinschaft verbundenen

Nationen eine Abstimmung von Ansprüchen und Leistungen insbesondere im Sozialrecht, aber auch beispielsweise von Kriterien für Umwelt-, Natur- und Pflanzenschutz eine nicht mehr aufzuschiebende Aufgabe. Auch an dieser Stelle zeigt sich, daß die Fortentwicklung der europäischen Institutionen unerläßlich ist.

3. Zum Handlungsbedarf der Kirchen

(39) Die Kirchen, kirchliche Gruppen und Persönlichkeiten haben zu diesen Entwicklungen bisher immer wieder *Stellung genommen* (vgl. dazu die Dokumentation des Sozialwissenschaftlichen Instituts der EKD »Sozialethische Probleme der Einigung Europas«, 1990). Die Fragen nach der gesellschaftsdiakonischen Verantwortung der Kirche im Blick auf die europäischen Institutionen, nach sozialethischen Kriterien und Orientierungen für den Prozeß der Integration, nach Leitbildern für eine ökologisch und sozial verantwortliche EG-Politik werden von den Kirchen in Europa mehr und mehr aufgegriffen. Viele Probleme zur Sicherung des Friedens und der Umwelt, zur Ordnung der Wirtschaft und des Sozialen sind heute nicht mehr im nationalen Rahmen lösbar, sondern erfordern internationale Vereinbarungen. Demgemäß hat sich auch der Verantwortungsbereich der Kirchen ausgeweitet und die Grenzen der Nationen und Staaten überschritten.

(40) Die *Zusammenarbeit der evangelischen Kirchen* und kirchlichen Werke in Europa geschieht sowohl im Rahmen ökumenischer Zusammenschlüsse und Einrichtungen (zu denen nicht nur die evangelischen Kirchen gehören, sondern auch die anglikanische Kirche und die orthodoxen Kirchen), als auch im Rahmen der Leuenberger Kirchengemeinschaft sowie im Rahmen bilateraler Beziehungen bzw. Partnerschaften zwischen einzelnen Kirchen.

In der Europäischen Ökumenischen Kommission für Kirche und Gesellschaft (EECCS) haben sich Kirchen und Kirchenbünde bzw. Kirchenräte aus Mitgliedsländern des Europarates zusammengeschlossen, um die Mitgliedsorganisationen bei der Wahrnehmung ihrer Verantwortung in Hinsicht auf Fragen zu beraten und zu unterstützen, die sich im Blick auf den Europarat und die Europäische Gemeinschaft ergeben, und in diesen Fragen gemeinsam Zeugnis abzulegen. Die Geschäftsstelle der EECCS befindet sich in Brüssel, in Straßburg besteht eine Zweigstelle.

Zu ihren Aufgaben zählt die EECCS die Ermöglichung von Kontakten, Zusammenarbeit und Informationsaustausch zwischen Kirchen in den Ländern der Europäischen Gemeinschaft, den Kontakt zu Mitarbeitern und Repräsentanten in den wichtigsten Europa-Institutionen, die Behandlung aktueller Fragen auf europäischer Ebene und die Erarbeitung von kirchlichen Stellungnahmen. Im Laufe der Jahre hat die EECCS ein Kontaktnetz mit ökumenischen Organisationen geknüpft, die sich besonderen Themenbereichen widmen, wie etwa dem Thema Migration (Churches' Committee for Migrants in Europe, CEME), Nord-Süd-Beziehungen (European Ecumenical Co-operation for Development, EECOD), Stadt- und Industrie-Mission (European Contact Group, ECG) und Erwachsenenbildung (Ecumenical Association of Academies und Laity Centres in Europe, EAALCE).

Die Europäische Ökumenische Organisation für Entwicklung (EECOD) und das Komitee evangelischer und orthodoxer Kirchen für die Probleme der Gastarbeiter in Europa (CCME) haben ihren Sitz ebenfalls in Brüssel und arbeiten mit der EECCS zusammen. Auch in diesen beiden Organisationen arbeitet die EKD mit.

Zur Konferenz Europäischer Kirchen (KEK) gehören ca. 120 protestantische, anglikanische und orthodoxe Kirchen. 1959 gegründet, hat die KEK in den Jahren der Trennung zwischen Ost- und Westeuropa eine wichtige Rolle gespielt, weil sie Plattform für Begegnungen und Zusammenarbeit von Kirchen aus Ost- und Westeuropa gewesen ist. In der in Europa neu entstandenen Lage und angesichts der nun sich ergebenenden gesamteuropäischen Entwicklungen kommt der KEK für die nichtkatholischen Kirchen Europas wachsende Bedeutung zu. Die Evangelische Kirche in Deutschland ist Mitglied der KEK und arbeitet intensiv mit. Die KEK arbeitet zudem auch mit dem Rat der (katholischen) Europäischen Bischofskonferenz (CCEE) zusammen. Bedeutsamster Ausdruck dieser Zusammenarbeit war die Versammlung zum Thema »Gerechtigkeit, Frieden und Bewahrung der Schöpfung« im Jahre 1989 in Basel.

1973 wurde die sog. »Leuenberger Konkordie« von 80 lutherischen, reformierten und unierten Kirchen sowie den ihnen verwandten vorreformatorischen Kirchen der Waldenser und der Böhmischen Brüder unterzeichnet. In dieser Konkordie wird die Gemeinschaft zwischen den Unterzeichnerkirchen erklärt (Kanzel- und Abendmahlsgemeinschaft und gegenseitige Anerkennung der Ordination) und die Verwirklichung der Gemeinschaft durch das Bemühen um ein gemeinsames Zeugnis, durch gemeinsame Dienste in der Gesellschaft

und theologische Weiterarbeit in Lehrfragen zum Ausdruck gebracht. Die Leuenberger Kirchengemeinschaft hält Verbindung zur Konferenz Europäischer Kirchen (KEK), zum Ökumenischen Rat der Kirchen (ÖRK) und zu den weltweiten christlichen Gemeinschaften.
Das Geflecht bilateraler kirchlicher Beziehungen bzw. Partnerschaften ist außerordentlich vielfältig. Beziehungen zwischen Kirchen in West- und Osteuropa werden intensiviert, vertieft und erweitert. Es scheint, daß die Beziehungen der Kirchen in Ländern des ehemaligen »Ostblocks« untereinander in der für sie neu entstandenen Lage schwieriger geworden sind. Die EKD und ihre Gliedkirchen unterhalten vielfältige Beziehungen zu anderen Kirchen in West-, Nord- und Südeuropa.

(41) Trotz der Vielfalt europäischer Aktivitäten der Kirchen ist nicht zu übersehen, daß die Kirchen sowohl in der Zielsetzung als auch in der Koordination sozialer Arbeit bzw. sozialer Mitverantwortung nicht genügend vorbereitet sind, um den Herausforderungen wirksam zu begegnen. Die *Arbeit der Kirchen auf europäischer Ebene* ist ausbaufähig und ausbaubedürftig. Wenn es nicht zu einer weiteren Stärkung dieser Initiativen und Einrichtungen, zu einer intensiveren gemeinsamen Meinungsbildung der Kirchen, zu Absprachen und gemeinsamem Vorgehen sowie zu einer stärkeren Präsenz der Kirchen in Brüssel und Straßburg kommt, wird es den Kirchen nicht möglich sein, ihrer Mitverantwortungs- und Mitgestaltungsaufgabe in Europa im notwendigen Ausmaß nachzukommen. Ihre Stimme wird dann kaum gehört, ihre Aspekte in wichtigen sozialen, anthropologischen und sozialethischen Fragen werden nicht in die gemeinsamen Bemühungen bei der Gestaltung Europas eingebracht. Für Europa wäre dies ein Verlust. Zu Recht weisen auch Europapolitiker auf diese Frage hin und machen auf wichtige Aufgaben für die Kirchen aufmerksam. Das Wissen darum ist bei den Kirchen durchaus vorhanden, aber die Vorstellungen darüber, auf welche Weise sie ihrer Gemeinschaft auf europäischer Ebene Ausdruck geben, ihr Zeugnis am besten gemeinsam ablegen und Verantwortung für das Gemeinwesen wahrnehmen sollen, gehen auseinander.
(42) Die Kirchen können und müssen angesichts der Entwicklung zum Binnenmarkt zu einer umfassenden Analyse der Chancen und Risiken beitragen:

- Sie werden eine einseitig wirtschaftliche Betrachtungsweise ablehnen und sich bemühen, die komplexen Auswirkungen dieser Entwicklung für Individuum, Gesellschaft und Umwelt darzustellen.
- Sie werden davor warnen, angesichts begrenzter politischer Gestaltungsmöglichkeiten die wirtschaftlichen Entscheidungen als unvermeidliche Konsequenzen aus Sachzwängen zu begreifen.
- Gegenüber der gängigen Rede von wirtschaftlichen Eigengesetzlichkeiten werden sie die Freiheit des Menschen zu verantwortlichen Entscheidungen hervorheben.

(43) *Die Stellung der Kirche in der Gesellschaft und das Verhältnis von Kirche und Staat* sind jedoch in den Staaten der Europäischen Gemeinschaft unterschiedlich geordnet. Für die Bereitschaft und Möglichkeiten der Kirchen in Europa, die Gemeinschaft sozial mitzugestalten, ist dies nicht ohne Folge.

Beziehungen von Staat und Religionsgemeinschaften sind in Deutschland von Kooperation und Absprachen gekennzeichnet. Die Kirchen haben hier eine vergleichsweise günstige und einflußreiche Position. Christen und Kirchen konnten einen nicht unwesentlichen Beitrag beim Aufbau eines sozialen, freiheitlichen und demokratischen Gemeinwesens in Deutschland leisten. Die Stimme der Kirchen wird gehört, in den Medien sind die Kirchen präsent, die Unabhängigkeit der Kirchen ist vom Grundgesetz geschützt, bei Gesetzesvorhaben werden die Kirchen gehört. Es haben sich Traditionen der gesellschaftlichen Mitverantwortung und Mitgestaltung der Kirchen in Gesellschaft und Staat herausgebildet. Dies gilt nicht in gleicher Weise und jedenfalls nicht in dieser Form für die europäischen Nachbarländer. Das Selbstverständnis der Kirchen in Europa, das Verständnis ihres diakonischen, gesellschaftlichen und politischen Dienstes ist unterschiedlich. Hier liegt eine wichtige Aufgabe für eine gemeinsame Meinungsbildung und ein gemeinsames Vorgehen der Kirchen.

B. Allgemeine Ziele und Orientierungen für eine europäische Sozialordnung

(44) Die Sozialordnung der Europäischen Gemeinschaft muß an *grundsätzlichen Zielsetzungen* ausgerichtet sein. Auch das soziale Klima eines neu zu gestaltenden, geeinten Europa wird sich an ihr orientieren. Sie ergibt sich nicht bereits aus der Koordination und Entwicklung der bestehenden Sozialsysteme. In der praktischen Umsetzung in eine neue Sozialpolitik müssen grundlegende sozialethische und humanitäre Orientierungen primäre Bedeutung haben. Das übergeordnete Ziel, das von Anfang an anzustreben ist, ist die Wahrung der Würde und des Wohlergehens des Menschen. Es geht um eine Vision von einem menschlichen, mitmenschlichen Europa.

(45) Deshalb sind

- die Würdigung, Erhaltung und Verbesserung der vorfindlichen Sozialstrukturen,
- die würdige und gerechte Gestaltung der Arbeitsbedingungen,
- die Respektierung der vielfältigen regionalspezifischen Kulturen,
- die Berücksichtigung und Ausgestaltung der Menschenrechte insbesondere der Minderheiten,
- die Verpflichtung für die »Dritte Welt« und
- die Bewahrung der Schöpfung

unverzichtbare Bestandteile der Zielvorstellung, auf die hin sich die Sozialordnung der Europäischen Gemeinschaft zu bewegen hat. Dies wird im folgenden weiter ausgeführt.

1. Erhaltung gewachsener Sozialstrukturen

(46) *Sozialstrukturen entwickeln sich* über lange Zeiträume. In ihnen sind – trotz der Eingriffe und der Steuerung durch verschiedenartige, vielfach elitär orientierte Herrschaften – die Erfahrungen und Überlebensstrategien der Menschen, ihr Gerechtigkeitssinn und ihre gegenseitige Unterstützungsbereitschaft gespeichert. Zumindest enthalten vorfindliche Sozialstrukturen mehr davon als sich zumeist aus den pragmatischen Organisationsvorschlägen moderner Verwaltungen ergibt. Deshalb verdienen sie, daß man rücksichtsvoll und schonend mit ihnen umgeht.

(47) Die industrielle Entwicklung der letzten zwei Jahrhunderte hat auch und gerade in Europa viel von solchen Traditionen zerstört. Deren Leistungen für die Sinnerfüllung und Solidarität der Menschen durch staatliche und institutionelle Vorkehrungen wurden zwar in wichtigen Aspekten ergänzt, aber nicht ersetzt. Immer noch sind Menschen – auch in hochindustrialisierten Gesellschaften – auf menschliche Zuwendung und Hilfe angewiesen. *Die Entwicklung einer europäischen Sozialordnung muß auf den sozialen Traditionen in der Gemeinschaft aufbauen.*

(48) Es gibt durchaus *Grenzen der Angleichung* gewachsener Strukturen im Zuge der europäischen Integration. Die evangelisch-katholische Stellungnahme vom Oktober 1989 macht auf diesen Punkt aufmerksam. Die Grenzen der Angleichungen liegen danach dort, »wo der gewachsene und erhaltenswerte Kulturbereich von Regionen mit einer unterschiedlichen Ausprägung bewährter Sozial- und Kirchenstrukturen berührt wird.« Die Kirchen selbst sind hiervon betroffen, etwa in der besonderen Ausgestaltung ihres Dienst- und Arbeitsrechts, die den Kirchen durch die im Grundgesetz garantierte Freiheit und Eigenständigkeit ihres Wirkens ermöglicht wurde.

1.1. *Arbeit und Familie*

(49) Da eine europäische Sozialordnung sehr unterschiedliche Sozialverfassungen, Kulturen und Daseinsformen einschließt, die jeweilige Identität der einzelnen Regionen aber erhalten bleiben soll, muß auch das *Verhältnis von Familie und Arbeitswelt* in seiner Vielfalt, seiner

Differenzierung, seinen kulturellen Spielarten und Besonderheiten beachtet werden. Jede Gesellschaft entwickelt auf Grund ihres historisch gewachsenen Verständnisses von Arbeit und Familie ihre spezifische Arbeitsverfassung und Arbeitsorganisation, die wiederum einem kulturellen und sozialen Wandel unterliegt und andere soziale Bereiche beeinflußt. Arbeit und Familie ergänzen einander in der Prägung der sozialen Verhältnisse; sie sind in ihrer Bedeutung für die Lebensgestaltung der Menschen zusammen zu berücksichtigen. Soweit die soziokulturelle Gestaltungskraft der Familie erhalten ist, wird der abhängigen Erwerbsarbeit eine begrenztere Bedeutung für die soziale Integration zukommen. Dann wird eher die Familie das soziale Ansehen sichern, Anerkennung vermitteln und Geselligkeit und Zusammenarbeit ermöglichen.

(50) Die Auslagerung der Erwerbsarbeit aus dem Haushalt der Familie als einer auf Zusammenleben, Kommunikation und Regeneration angelegten Institution ist in agrarwirtschaftlich verfaßten Gebieten nicht selbstverständlich. Die *regionalen Unterschiede* haben auch mit verschiedenartigen historischen Entwicklungen zu tun. Deshalb hat in vielen agrarischen Regionen der Europäischen Gemeinschaft die Familie einen anderen gesellschaftlichen Stellenwert als in industriell verfaßten Gebieten; das wirkt sich auch auf das Verständnis von Arbeit und auf die Arbeitsorganisation aus. Gleichzeitig wirkt sich die Art, wie gearbeitet und wie die Arbeit organisiert wird, welche Bedeutung ihr im Leben des Einzelnen zukommt und welche Rolle sie bei der Strukturierung des Alltags einnimmt, auf das Familienleben aus.

(51) Diese Unterschiede sind im Blick auf die notwendigen *Hilfen für die Familie* besonders zu bedenken. In denjenigen agrarwirtschaftlich strukturierten Regionen Europas, in denen traditionell noch ein Familienbild gilt, das auf einem Zusammenhang von Kommunikation, Arbeit und Interaktion aufgebaut ist, wird sich möglicherweise das Problem familienergänzender Maßnahmen anders stellen als in industrialisierten Gebieten. Dort ist eine Familienpolitik erforderlich, die zunächst danach fragt, ob die Arbeitsverfassung und die Arbeitsorganisation es überhaupt erforderlich machen, daß familienergänzende Maßnahmen geschaffen werden. Er muß geprüft werden, ob und wie die Arbeits- und Sozialverfassung die Teilhabe bestimmter Familienmitglieder oder -gruppen – insbesondere von Frauen – am Arbeitsprozeß generell ein- oder ausschließt.

(52) Auch dort, wo traditionellerweise die Familie als Arbeitszusammenhang begriffen wird und sich das Familieneinkommen nicht nur aus der Summe von Individualeinkommen zusammensetzt, stellen sich Hemmnisse entgegen, die nicht leicht zu überwinden sind. Denn hier besteht eine Arbeitsverfassung, die nicht von der Trennung von Familie und Arbeitswelt ausgeht, sondern einen unkomplizierten Arbeits- und Lebenszusammenhang bildet und als spezifische Daseinsform Leben, Arbeit und Sozialisation miteinander verbindet. Hier familienergänzende spezielle Maßnahmen zu etablieren, die auch Migranten zur Verfügung gestellt werden, weil diese sie aus ihren Herkunftsländern kennen, könnte auf eine Spaltung der kulturellen Traditionen hinauslaufen. Die damit verbundenen Konfliktpotentiale sind nicht zu unterschätzen.

1.2. Lebensformen und Lebensstile

(53) Lebensformen wie Haushalts-, Arbeits- und Familienformen sind *wandelbar*. Die bestehenden Lebensstile sind Ausdruck der bisherigen Lebensbedingungen und ändern sich entsprechend. Das Verhältnis von Arbeit und Familie wird in dem Maße vielfältiger, wie sich familienähnliche Lebensformen (z. B. Alleinerziehende mit Kindern, Wahlverwandtschaftsfamilien und Zweckgemeinschaften) herausbilden und neben der Familie Platz greifen. Daraus entstehen veränderte Bedürfnisse – nicht nur für Wohnformen und Versorgungsbedingungen, sondern auch für Berufskarrieren und Mobilität. Nichteheliche Lebensgemeinschaften haben auch bei uns zugenommen. Sie sind im Norden Europas weiter verbreitet als im Süden, aber die Entwicklung hält – gerade auch in den bisher sozialistisch verfaßten Ländern – an. Alleinstehende mit Kindern sind bei uns seit 1969 als »Ein-Elternteil-Familien« anerkannt; das ist noch nicht in allen Ländern der Gemeinschaft der Fall.

(54) Eine europäische Sozialordnung muß nicht nur die wachsende Vielfalt von Lebensformen zur Kenntnis nehmen, sondern die *unterschiedlichen Ordnungsformen,* nach denen sich in den einzelnen Gesellschaften Familie und Arbeit im Verhältnis zueinander organisieren, wahrnehmen und achten.

(55) Die unterschiedlichen Traditionen der Arbeits- und Familienverfassung wirken sich nicht nur regional auf die verschiedenen Lebens-

formen in Stadt und Land aus, sondern ebenfalls auf die *wirtschaftlichen und öffentlichen Ordnungen*, einschließlich ihrer gesetzlichen Regelungen in den Ländern. Eine Harmonisierung lediglich der Wirtschaftsordnungen greift daher nicht nur in die traditionsbestimmten Lebensverhältnisse des Landes, sondern auch in die kulturell geprägte Kontinuität ein.

(56) Es muß letztlich Ziel einer europäischen Sozialordnung gerade in der arbeitsweltbezogenen *Familienpolitik* sein, die spezifischen kulturellen Traditionen und die historisch geprägten Beziehungen von Arbeit und Lebensform so zu wahren, daß die *kulturelle Vielfalt im europäischen Raum erhalten bleibt* und sich spezifisch weiter zu entwickeln vermag. Die Lebensverhältnisse einerseits und die ökonomischen und politischen Rahmenbedingungen andererseits sollten sich allmählich derart durchdringen, daß es jedem EG-Bürger schließlich möglich ist, in einem anderen Land der Gemeinschaft zu arbeiten und die dort geltenden familienpolitischen Leistungen und familienergänzenden Maßnahmen als für sich geeignet zu akzeptieren. Wer wandert, muß seine Identität nicht aufgeben; er muß aber das Einfühlungsvermögen entwickeln, das dazu notwendig ist, andere in ihrer Lebensart und in deren Begründung zu verstehen.

1.3. *Künftige Generationen – intergenerative Verantwortlichkeit*

(57) Mit den Veränderungen der Lebens-, Arbeits- und Familienformen ändert sich auch das Verhältnis der Altersgruppen und der Generationen zueinander. In industrialisierten Ländern ist daraus die Konsequenz gezogen worden, die Verantwortung der Generationen füreinander durch das Versicherungsprinzip zu ergänzen. Das reicht weder menschlich noch wirtschaftlich aus: Ältere und behinderte Menschen sind weiterhin zum allergrößten Teil auf die *soziale Unterstützung der anderen Generationen im Familienverband* angewiesen. Mit der relativen Zunahme des älteren Bevölkerungsanteils – in den industrialisierten Gebieten infolge des Rückgangs der Geburtenhäufigkeit, in den ländlichen Gebieten infolge der Abwanderung – müssen öffentliche Hilfen die Unterstützung ermöglichen, die aus der Verwandtschaft nicht mehr geleistet werden kann.

(58) Veränderungen in der Altersstruktur der Bevölkerung, des Ar-

beitslebens und der familiären Lebensmuster stellen die herkömmlichen, auf die Sicherung der individuellen Lebensstandards zielenden Sozialversicherungssysteme verstärkt vor *Finanzierungsprobleme*. Insbesondere die Systeme der Alterssicherung in den Mitgliedsstaaten stehen vor Problemen, die sich aus gravierenden demographischen Strukturveränderungen ergeben. Diese beruhen in erster Linie auf der abnehmenden Geburtenhäufigkeit und auf der infolge medizinischer Fortschritte und verbesserter Gesundheitsvorsorge steigenden Lebenserwartung und werden durch die verstärkten Wanderungsbewegungen nicht ausgeglichen.

(59) Unter diesen Voraussetzungen stellt sich die Frage nach einer *arbeitsweltbezogenen Familienpolitik und einer familienbezogenen Beschäftigungspolitik*. In den industrialisierten Gebieten Europas geht es darum, insbesondere den Frauen die Möglichkeit der Wahl zu schaffen, ob sie erwerbsmäßig arbeiten wollen oder nicht. Traditionelle Familien mit Kindern sind in der Regel darauf angewiesen, aber auch Familien anderer Form, wie sie in modernen Gesellschaften immer häufiger werden, etwa die der Alleinerziehenden mit Kindern. Die Lasten gerade dieser Entwicklung werden insbesondere von den Frauen getragen.

2. Gestaltung der Arbeit als gesellschaftliche Aufgabe

(60) In der industriellen Entwicklung ist die Arbeit, die der Existenzsicherung dient, aus den Haushalten heraus zunehmend in betriebliche und administrative Organisationen verlagert worden. Der Prozeß setzt sich mit der technischen Entwicklung ständig fort, ohne daß zugleich der Arbeitsanfall in den privaten Haushalten derart reduziert worden wäre, daß er vernachlässigt werden könnte. Dennoch hängt dessen Bewältigung schon in der Zeiteinteilung von der Gestaltung der betrieblichen Arbeitsbedingungen ab. Deshalb muß die *Organisation der insgesamt existenznotwendigen Arbeit – auch gerade bei der schnell fortschreitenden weiteren Arbeitsteilung – als Aufgabe der Gesellschaft in Europa* begriffen werden. Haus- und Eigenarbeit

dürfen dabei nicht vernachläßigt werden; aber der bedeutsamste, weil erwerbssichernde Teil ist doch die von vielfältigen gesellschaftlichen Organisationen bestimmte Arbeitswelt. Politische Entscheidungen haben auf ihre Gestaltung ausschlaggebenden Einfluß. Bei den politisch Verantwortlichen liegt die Verantwortung dafür, daß die Arbeitswelt als grundlegender und prägender Lebensbestandteil der Individuen ihren humanen Charakter nicht an ausschließlich wirtschaftsorientierte Prioritäten verliert. Diese Gesichtspunkte müssen Teil einer *spezifischen europäischen Beschäftigungspolitik* sein.

(61) Die *Gestaltung der Arbeitsbedingungen* im Zuge der europäischen Entwicklung tritt gerade mit der Einführung des gemeinsamen Binnenmarktes in eine entscheidende Phase, weil damit die demokratische Gestaltung der Arbeitswelt vor Ort schwerer, das Gewicht der nationalen Wählerschaften geringer wird.

(62) In dieser Lage ist es von herausragender Bedeutung, daß die *Organisation der sozialen Sicherheit und des notwendigen sozialen Ausgleichs* so vorgenommen wird, daß dabei die Lebensgestaltung der Arbeitnehmer in ihren sozialen Beziehungen und ihren alltäglichen Bewältigungsstrategien keinen Schaden nimmt. Die zunehmende Ersetzung von Arbeit durch Kapital darf nicht die in den Regionen notwendigen Erwerbsgrundlagen vernichten. Der Arbeitsmarkt muß ausreichend transparent gestaltet werden, damit die Arbeitnehmer in die Lage versetzt werden, auf die unausweichliche Umstrukturierung zu reagieren. Ihr Bestand an Erwerbsvermögen ist durch schützende und mobilisierende Maßnahmen zu sichern.

(63) Gerade weil die Arbeitsbedingungen moderner Betriebe weitgehend technischen und organisatorischen Rationalisierungsprinzipien unterworfen sind, müssen die *Rechte und der Schutz der Arbeitnehmer durch Gesetz gesichert* werden. Letztlich ist die Politik der Staaten, aber gerade auch die übergeordnete Politik der Europäischen Gemeinschaft an dem Ziel der Vollbeschäftigung auszurichten. Die Arbeitsbedingungen sind für die Arbeitnehmer so zu gestalten, daß Erwerbsarbeit und Familienalltag einheitlich betrachtet werden. Ihre Erwerbschance hängt zwar in erster Linie von ihrer Qualifikation, daneben aber auch von einer befriedigenden Bewältigung ihrer persönlichen Lebensbedingungen und beispielsweise von ihrer Erholung ab. Die Erwerbstätigkeit ist für sie in erster Linie notwendig, um ihre persönliche Existenz zu sichern, ihr privates Leben zu ermöglichen, ihre sozialen Beziehungen zu stützen und ihren kulturellen Anliegen

den Boden zu schaffen. Diese Interessen sind je eigene, lassen sich aber nur in der Abstimmung mit den Interessen anderer verwirklichen: Die demokratischen Abstimmungsmechanismen sind wie im politischen Raum auch in der Arbeitswelt lebenswichtig. Es muß Verfahren geben, die eine Konsensfindung unter den gleich und zwischen den unterschiedlich Interessierten ermöglichen. Die unausweichlichen Schwierigkeiten solcher Abstimmungsprozesse können nur bei rechtlich gesicherten Verfahren zu einigermaßen gerechten Regelungen in über- und innerbetrieblichen, schließlich in individuellen Arbeitsverträgen führen.

(64) Arbeitsformen und Arbeitsorganisation sind dem kollektiven Arbeitsrecht unterworfen. Dessen Gestaltung ist bei den Mitgliedern der Gemeinschaft unterschiedlich. Zwischen den historisch und kulturell, aus der Wirtschaftslage der Länder und Regionen und aus der unterschiedlichen Größe und Leistungsfähigkeit der Betriebe begründeten Unterschieden und den allgemeinen Zielen für eine dem europäischen Entwicklungsstand entsprechende Sozialordnung muß eine *Regelung* gefunden werden, die gleiche Rechte und gleichen Schutz für alle in jeder Stufe des Prozesses gewährleistet. Das ist nicht immer selbstverständlich und muß deshalb praktisch durchgesetzt werden. Denn während in einem der Länder rechtliche Vorschriften bestehen mögen, die ohne praktische Auswirkungen bleiben, können in einem anderen Land die praktischen Verhältnisse auch ohne formale Vorschriften angemessen gestaltet sein – wie das z. B. beim Jugendarbeitsschutz der Fall ist. Auch kann formal gleiches Recht unter den Bedingungen verschiedener Länder oder Regionen Unterschiedliches bewirken.

3. Kulturelle Vielfalt bewahren

(65) Eine europäische Sozialordnung kann nur von der Vielfalt der Strukturen und Traditionen ausgehen. Der Weg führt nicht nur über eine Angleichung von Systemen und Strukturen, sondern notwendig über das Verhalten der Menschen, ihr Einfühlungsvermögen und das Verständnis, die unterschiedlichen Voraussetzungen nicht nur als Hemmnis, sondern auch als Chance zu begreifen.

3.1. *Verschiedene Kulturen wahrnehmen, achten, erhalten, ihr Miteinander fördern*

(66) Solidarität muß kulturelle, nationale und wirtschaftliche Gemeinschaften übergreifen. Das gilt in besonderer Weise für das soziale Europa. Die Überwindung der sozialen Disparitäten muß von der gemeinsamen Verantwortung füreinander über die Unterschiede des Glaubens und der Traditionen hinweg geleistet werden. Die historische und kulturelle Vielfalt der Länder und Regionen Europas muß respektiert und erhalten bleiben. Gegenwärtig und in Zukunft unterscheiden sich die Formen und Maßstäbe sozialer Differenzierung in den europäischen Regionen.
(67) Seit dem Zweiten Weltkrieg weiß man in Europa, daß nur die Zusammenarbeit der Staaten die weitere Entwicklung fördern kann. Das Ergebnis ist sowohl die Europäische Gemeinschaft wie auch der Wunsch weiterer Länder, sich ihr in der einen oder anderen Weise anzuschließen. Mit dem Zusammenschluß schwindet jedoch die Souveränität der Einzelstaaten, auch wenn die Gemeinschaft auf diesen aufbaut und sie nicht zerstören will. Eine nationenzentristische Politik kann danach nicht mehr der Situation und dem Einigungswillen der europäischen Völker gerecht werden.

3.2. *Kulturelle Eigenarten erhalten*

(68) Erstrebenswert ist die Erhaltung der regionalen Kulturen. Diese werden gerade deshalb stärker wahrgenommen, weil sie in einer Zeit, in der die »nationalen Kulturen« durch den Zusammenschluß relativiert werden, als die eigentliche Basis der Identität empfunden werden. Das politische Handeln sollte deshalb – unbeschadet der notwendigen Wahrung der Landesinteressen – einerseits dem Einigungsprozeß, andererseits der regionalen Vielfalt gerecht werden.
(69) Kulturelle Identität ist davon abhängig, daß der jeweils andere sie als anders und zugleich als in dem betreffenden Lebenszusammenhang vernünftig akzeptiert, auch wenn ihm die Darstellungsformen fremd sind. Die Pluralisierung von Lebensstilen, die sich bei uns durchgesetzt hat, und die damit gewandelte soziokulturelle Gestaltungskraft von Familienformen sind ein Resultat des Wertewandels, der sich nicht in derselben Weise und Stärke in allen Kulturen Euro-

pas – und eher in den industrialisierten als in den ländlichen Regionen – durchgesetzt hat. Deshalb sieht die Sozial- und Familienpolitik für viele Regionen zunächst keine Veranlassung, solche Probleme zu lösen, die sich dort nicht stellen, die aber andernorts dennoch dringlich sein mögen.

4. Minderheiten achten

(70) Europa ist nicht einfach eine Gemeinschaft großer Länder mit je einheitlicher Sprache, Kultur und Geschichte, sondern auch eine Region, in der *viele Minderheiten* leben. Zu ihnen zählen beispielsweise die Dänen und Sorben in Deutschland, die Deutschen in Belgien und Holland, die Elsässer in Frankreich, die Schlesier in Polen, die Tiroler in Italien, die Basken in Spanien und die Juden sowie die Sinti und Roma in fast allen europäischen Ländern. Die Geschichte der Minderheiten in Europa ist eine Geschichte des Leides, der Unterdrückung und der blutigen Befehdung. Auch heute noch sind die Minderheitenprobleme in Spanien und Nordirland ungelöst, die Konfrontation fordert jährlich viele Menschenleben.

(71) Zu den Minderheiten zählen aber auch die ausländischen Arbeitnehmer und Migranten aus dem europäischen und dem außereuropäischen Ausland sowie Asylsuchende aus osteuropäischen und außereuropäischen Ländern. Für *EG-Ausländer*, dh. Ausländer aus einem anderen Mitgliedsland der Europäischen Gemeinschaft, sind Freizügigkeit und die Gewährung gleicher Rechte vorgesehen. Die angestrebte über das Arbeitsleben hinausgehende Freizügigkeit für Bürger der Gemeinschaft und das Prinzip der Nichtdiskriminierung von Bürgern aus dem Europa der Zwölf durch die jeweilige nationale Gesetzgebung sind ein wichtiger Schritt auf dem Weg zur Integration der Bürger, die aus einem Mitgliedsstaat der Gemeinschaft eingewandert sind.

(72) Im Zuge weltweiter Wanderungsbewegungen sind Millionen Menschen anderer Länder und Kontinente als Arbeitnehmer und Flüchtlinge nach Europa eingewandert und haben hier ihren Lebensmittelpunkt gefunden. Allein in den Ländern der Europäischen Gemeinschaft haben etwa acht Millionen *Menschen aus Drittländern*

ihren legalen Wohnsitz. Sie haben als Arbeitnehmer einen wichtigen Beitrag zum gegenwärtigen Wohlstand in den Ländern der Gemeinschaft geleistet. In einzelnen Wirtschaftsbranchen stellen sie über 20% der Beschäftigten. Oft verrichten sie Tätigkeiten, für welche einheimische Arbeitskräfte nicht zur Verfügung stehen. Im Zuge der demographischen Entwicklung und infolge des zunehmenden Einwanderungsdruckes wird ihre Bedeutung vermutlich zunehmen. Auch in sozialer und kultureller Hinsicht stellen sie eine Bereicherung dar.

(73) Die Situation derer, die als Ausländer aus Drittländern oder Asylsuchende in den Ländern der Europäischen Gemeinschaft leben, ist vielfach von sozialen und rechtlichen Problemen bestimmt. Die Integrationspolitik ist in allen Ländern der Europäischen Gemeinschaft noch mangelhaft, und viele Zuwanderer leiden mit ihren Familien unter wirtschaftlichen, sozialen und kulturellen Diskriminierungen. Besorgniserregend ist die Fremdenfeindlichkeit in Teilen der Bevölkerung in Europa. Sie ist oft ein Indiz für Gefühle der Unsicherheit bei der inländischen Bevölkerung. Diese Gefühle sagen etwas aus über die schwierige soziale Situation in den betreffenden Kreisen. Oft sind sie aber auch Ausdruck der Sorge um einen »kulturellen Selbstverlust«. Schwierige Fragen verbinden sich auch mit der großen Zahl derer, die in der EG in nicht geregelten Verhältnissen (sogenannte »Illegale«) ansässig sind. Die Probleme werden aller Voraussicht nach noch erheblich zunehmen. Europa steht vor Wanderungsbewegungen großen Ausmaßes. Die Zahl der Zuwanderer (insbesondere aus den Ländern Osteuropas und Südosteuropas) und Flüchtlinge wächst.

Über die Harmonisierung des Asylrechts, des Asylverfahrens und des Visarechts finden derzeit auf verschiedenen Ebenen Verhandlungen zwischen den Regierungen der Mitgliedsstaaten statt. Die angestrebten Lösungen zielen allerdings auf eine sehr restriktive Visapolitik, eine Verstärkung der Kontrollen an den Außengrenzen der Gemeinschaft, eine intensivere Zusammenarbeit der Sicherheitskräfte über die Grenzen hinweg und auf einen das informationelle Selbstbestimmungsrecht tangierenden personenbezogenen Informations- und Datenaustausch.

(74) Die *Achtung der Minderheiten und ihres Lebensrechts*, ihre berufliche und soziale Integration sind entscheidende Aufgaben für die Europäische Gemeinschaft. Das Zusammenwachsen dieser Gemeinschaft kann mit dazu beitragen, daß das Verständnis für die, die anders sind als wir, eine andere Sprache und kulturelle Prägung haben, ebenso wächst, wie die Bereitschaft, ihnen Lebensraum und Verwirklichungsmöglichkeit zu schaffen, damit sie ihre Identität bewahren können. Die größere Offenheit, die Aufhebung der innereuropäischen Grenzen und die Freizügigkeit bedeuten für die Menschen in Europa gewiß auch eine »Lernzumutung«. Sie müssen sich den neuen Nachbarn bereitwilliger und kooperativer stellen, sie nicht nur »ertragen«, sondern gastlich und partnerschaftlich aufnehmen und mit ihnen leben. Gemeinschaftlichkeit mit »Fremden« wird nun konkret. Illusorisch ist dabei gewiß die Vorstellung von einem »Schmelztiegel der Nationen« (meltingpot of nations), der die unterschiedlichen Gruppen und Völker zu einer großen kulturellen Einheit werden läßt. Nicht illusorisch dagegen ist die Hoffnung auf ein sozial friedliches und gerechtes Europa, das seinen Minderheiten partnerschaftlich Lebens- und Entfaltungsmöglichkeiten gewährt und Unterschiedlichkeiten zuläßt.

5. Verpflichtung für die »Dritte Welt«

(75) In dem Schlußdokument der Ökumenischen Versammlung »Frieden in Gerechtigkeit« mit dem Titel »Auf dem Weg zum Europa von Morgen« (Basel 1989) heißt es im Blick auf die Länder der Dritten Welt: Entspannung und Versöhnung in Europa dürfen *»nicht auf Kosten der Länder in Asien, Afrika, Mittel- und Lateinamerika* geschehen. Unsere ernste Sorge über die eklatanten Ungerechtigkeiten in Europas Wirtschaftsbeziehungen zu den ärmeren Ländern muß nicht nur weiter wachbleiben, sondern sie muß vertieft werden. Ein Europa, das seine eigenen Probleme und Schwierigkeiten löst, kann seine Verantwortung für andere Länder um so wirksamer erfüllen.«

(76) Die neue Europäische Gemeinschaft muß sich als *Partnerin der*

Länder der Dritten Welt verstehen und um ihre internationale Verantwortung wissen. Ein intensiver wirtschaftlicher Austausch mit diesen Ländern kann ihnen Wohlstand bringen, aber auch unerwünschte Nebenerscheinungen und Belastungen wie z. B. ungleiche Teilhabe an diesem Wohlstand, Abhängigkeiten, Abbau bewahrender Sozialstrukturen, übereilte Verstädterung. Wirtschaftlicher Austausch mit anderen Ländern schafft Verantwortlichkeiten, die erkannt und bewußt gestaltend wahrgenommen werden müssen. Am Wohlstand Europas müssen auch andere Länder teilhaben, ebenso an seinen Möglichkeiten des medizinischen und sozialen Schutzes, an seinem technologischen Fortschritt, an seinen Möglichkeiten beim Schutz der natürlichen Umwelt und bei der Verwirklichung und Durchsetzung von Menschenrechten.

6. Bewahrung der Schöpfung

(77) Es ist das Wesen der Umweltproblematik, daß sie sich letztlich nicht »regionalisieren« läßt. Die Verschmutzung der Nordsee beispielsweise belastet nicht nur die deutsche Nordsee und die Verschmutzung des Rheins ist ein Problem aller Anliegerstaaten. Lange Zeit galt gerade das Vorhandensein von Grenzen als eine Möglichkeit, die Lösung von Umweltproblemen zu verschieben oder gar zu verhindern (»Wenn wir unsere Schadstoffe nicht in den Rhein leiten, machen dies die Nachbarländer und sichern sich durch geringere Kosten bei der Entsorgung Wettbewerbsvorteile«). Das Problem der Zuständigkeit und Verantwortlichkeit wird um so schwieriger, je mehr es Bereiche und Grenzen überschreitet. Die Staaten der Europäischen Gemeinschaft haben in den vergangenen Jahren die *Aufgabe eines gemeinsamen Schutzes der Umwelt* mehr und mehr erkannt. In zunehmendem Maße ist es zu Absprachen und zur Einführung gemeinsamer Standards gekommen.
Es zeigte sich aber auch, daß die Europäisierung von Umweltproblemen – ähnlich wie im sozialpolitischen Bereich – zu einer Nivellierung von fortschrittlichen Standards führte. Die (west-)deutsche Automobilindustrie stellte beispielsweise Pläne einer umfassenden

Einführung von Katalisatoren zurück mit der Begründung, eine Einigung auf diese längst notwendige Maßnahme auf europäischer Ebene sei bisher nicht möglich gewesen. Die Bemühungen der Nordseeanrainerstaaten um einen besseren Schutz dieses Gewässers folgte dem Prinzip des »langsamsten Wagens«, der die Geschwindigkeit der Kolonne angibt. Ähnliches läßt sich von vielen anderen europäischen Umweltproblemen sagen. Gerade aus deutscher Sicht kann man in keiner Weise sagen, daß das gemeinsame ökologisch verantwortliche Europa besonders weit vorangekommen wäre. Die Problemstruktur ist im ökologischen Bereich ähnlich wie im sozialen und sozialpolitischen Bereich: Gerade der größere Verantwortungsraum kann zu Hemmnissen und Erschwernissen bei der Lösung von Problemen führen. Gerade im Blick auf die Erhaltung der Schöpfung und der Bewahrung unserer natürlichen Lebensbedingungen kommt es auf die grenzüberschreitende, engagierte Verantwortungsbereitschaft der europäischen Gemeinschaft an. In ihrer gemeinsamen Erklärung »Verantwortung wahrnehmen für die Schöpfung« (1985) haben die beiden großen Kirchen flexiblere Kompetenzregelungen und Entscheidungsmechanismen auf EG-Ebene gefordert.

7. Zusammenfassung der Kriterien

(78) Die Ökumenische Versammlung »Frieden in Gerechtigkeit« (Basel 1989) geht im Blick auf Europa von dem Bild des »gemeinsamen Hauses« aus und fordert *»grundlegende Hausregeln« im Sinne einer Hausordnung,* die das Zusammenleben möglich machen. In diesen Regeln sollte u. a. enthalten sein:

- das Prinzip der Gleichheit,
- die Anerkennung von Grundwerten wie Freiheit, Gerechtigkeit, Toleranz, Solidarität und Partizipation,
- eine positive Einstellung gegenüber Anhängern anderer Religionen und Weltanschauungen und
- die gewaltfreie Konfliktlösung.

Die Erklärung der Ökumenischen Versammlung zeigt das Bemühen um Kriterien eines solidarischen und friedlichen Zusammenlebens in Europa.

(79) Folgende *sozialethische Kriterien* sollten Orientierungspunkte bei der Gestaltung eines sozial verantwortlichen Europa sein:

- *Solidarität*: Der Begriff der Solidarität wird oft fälschlich eingegrenzt auf eine Gruppe von Gleichen, die sich in ihrem Zusammenhalt und ihrer gegenseitigen Hilfe nach außen hin abgrenzt. Solidarität im europäischen Rahmen setzt ein Füreinander im Rahmen einer heterogenen Völkergemeinschaft voraus. Hilfe und Fürsorge ist nun notwendig auch für Menschen, die weitab wohnen, die eine andere Sprache sprechen und deren Geschichte und Lebensgewohnheiten wir zunächst nicht verstehen. Es ist auch ein Sich-verantwortlich-Wissen für Menschen, die andere Ziele haben, andere Wege gehen wollen und von anderen Standards ausgehen. Solidarität ist in einem spannungsvollen Miteinander zu üben. Solidarität zu üben ist dort einfach, wo in einer gewachsenen homogenen Gemeinschaft ein Gemeinschaftssinn vorhanden ist, ein Verstehen der besonderen Situation des anderen, eine Übereinkunft mit ihm im Blick auf seine Bedürfnisse und Ansprüche. Solidarität im europäischen Rahmen muß bedeuten, daß Hilfe gewährt wird für Menschen, die uns gegenwärtig noch fremd und fern sind.
- *Partizipation*: Alle Menschen haben ein Recht auf Mitsprache und Mitwirkung bei der Gestaltung ihrer Arbeits- und Lebensverhältnisse. Der Aufbau des großen gemeinsamen Europa kann nicht in der Hand der wirtschaftlich Innovativen und unternehmerischen Persönlichkeiten allein bleiben. Es muß ein gemeinsam gestalteter Aufbau aller sein, der alle Betroffenen bei den Veränderungsprozessen mit einbezieht. Dort wo Partizipation nicht gewährt wird, geschehen Enteignungen und Entrechtungen sowie Ausgrenzungen. Partizipation schafft dagegen gesellschaftliche Versöhnung und stärkt das Miteinander. Durch sie können soziale Friktionen und das Entstehen von Gegensätzen in der Gesellschaft, die eines Tages explosiv wirken können, vermieden werden. Gelungene Formen der Partizipation, wie etwa die deutsche Mitbestimmung, können Vorbildcharakter haben. Die europäischen Länder können von bestimmten Formen gelungener Kooperation in anderen Ländern lernen und neue Formen der Partizipation erproben.

- *Gleichheit*: Alle Menschen sind im Blick auf ihre Würde und im Blick auf ihren Wert gleich. Das bedeutet nicht, daß sie gleiche Begabungen, gleiche Interessen, gleiche Prägungen haben. Das Postulieren der Gleichheit für die vielen Ungleichen bedeutet eine Verpflichtung, Schwächere zu fördern, Benachteiligten entgegenzukommen, vorenthaltene Rechte zu gewähren. Männer und Frauen müssen gleichgestellt und gleichbehandelt werden. Die Überwindung der Benachteiligung der Frauen auch in Deutschland (und nicht nur in den südeuropäischen Ländern) ist eine wichtige Aufgabe. Gleichheit bedeutet auch Partnerschaft. Die Menschen in der europäischen Gemeinschaft müssen in zunehmendem Maße lernen, daß auch die gleich sind, die aus anderen Sprachgebieten und Kulturregionen kommen. Sie müssen als Gleiche angenommen werden und ihnen müssen gleiche Chancen sowie eine gleiche Sicherung gewährt werden. In dem Wort der Ökumenischen Versammlung in Basel 1989 heißt es: »Als Kirchen müssen wir bereit sein, Minderheiten bei uns aufzunehmen, die sich gegen den Assimilationsdruck wehren, und müssen für die Menschenwürde der Randgruppen eintreten. Wir dürfen uns nicht nur angesichts der großen Konflikte zwischen Nord und Süd und Ost und West für Versöhnung einsetzen, sondern müssen dies auch angesichts der trennenden Bitterkeit, ja des Hasses zwischen den Menschen in unseren Gesellschaften.«
- *Offenheit*: Das neue soziale Europa darf sich nicht als ein »Reich der Mitte« verstehen. Die neue Gemeinschaft darf nicht als ein geschlossenes weltanschauliches, wirtschaftliches oder politisches System aufgebaut werden, sondern muß sich als eine offene Völkergemeinschaft verstehen. Die Europäische Gemeinschaft sollte eine geschichtlich gewachsene demokratische Gemeinschaft sein, für die die Achtung der Würde und der Freiheit des Menschen oberste Richtschnur des Handelns ist und die für die Verwirklichung der Menschenrechte überall in der Welt eintritt.
- *Menschengerechtheit*: Viele soziale Standards sind geschichtlich bedingt und innerhalb überschaubarer Gesellschaften toleriert, sie sind aber dennoch nicht menschengemäß. Toleriert beispielsweise ist die Kinderarbeit in den südeuropäischen Ländern, die Massenarbeitslosigkeit in den prosperierenden europäischen Ländern, die geringen Arbeitsschutzstandards in den angelsächsischen Ländern. Was normal ist, ist deshalb noch nicht normativ. In all die-

sen und in anderen Bereichen muß es grundlegende soziale Verbesserungen geben.

- *Subsidiarität*: Die Ausgestaltung der Systeme sozialer Sicherheit im Europa der Gemeinschaft muß auf die praktisch bestehenden sozialen Verhältnisse Rücksicht nehmen. Das Subsidiaritätsprinzip muß – recht verstanden – auch in Zukunft im sozialen Leben zur Anwendung kommen. Es dient in erster Linie der Klärung aktueller Zuständigkeiten im Bereich der sozialen Hilfe. Maßgeblich für diese Klärung ist die Kategorie des hilfreichen Beistandes: d. h. Hilfe soll so beschaffen sein, daß sie die Hilfebedürftigen so wenig wie möglich als hilflose Objekte behandelt, vielmehr sie in größtmöglichem Umfang zur Selbsthilfe befähigt und ihnen Gelegenheit gibt, als aktive Subjekte selbst an der Befreiung von ihrer Not mitzuwirken. In diesem Zusammenhang spielt das Subsidiaritätsprinzip in der Koordination der Dienste von öffentlichen und freien Trägern der Wohlfahrtspflege (Diakonie u. a.) eine tragende Rolle. In der europäischen Gemeinschaft hat das Subsidiaritätsprinzip eine weitere Dimension hinsichtlich der Kompetenzverteilung zwischen Gemeinschaft und Mitgliedsstaat.

(80) Die Gemeinschaft der europäischen Länder schafft im Bereich des Sozialen eine neue Situation, neue Erfordernisse und neue Herausforderungen. Der Abbau von Schranken und die Verbesserung von Kooperationen ermöglichen mehr Wohlstand, aber es ist nicht sichergestellt, daß dieser Wohlstand alle Länder und alle Bevölkerungsschichten in gleicher Weise erreicht. Das Entstehen einer neuen europäischen Sozialordnung kann deshalb nicht einem »naturwüchsigen Prozeß« überlassen werden. Hier liegt vielmehr eine grundlegende soziale Gestaltungsaufgabe. *Das neue soziale Europa entsteht nur, wenn es gewollt, geplant, konzeptionell vorbereitet errichtet und erstritten wird.* Es kommt auf einen sozialen Gestaltungswillen an, auf gezielte Bemühungen um sozialen Ausgleich, Transfers, Sicherstellung von Schutzstandards und Mitspracherechten, auf das Eintreten für eine Gewährleistung sozialer Grundrechte, auf Bemühungen um Ausbildung, Familienhilfen und die Verbesserung der Infrastruktur.

C. Erfordernisse einer gedeihlichen europäischen Entwicklung

1. Erarbeitung von Grundkoordinaten einer europäischen Sozialpolitik

(81) Für die soziale Gestaltung des europäischen Binnenmarktes ergeben sich folgende *Aufgaben*:

- Da der Binnenmarkt den Wettbewerb verstärkt und den Strukturwandel befördert, gibt es jetzt und künftig vermehrt auch Verlierer der Integration, insbesondere solche, die durch den zunehmenden Wettbewerbsdruck ihre Arbeitsplätze einbüßen. Für all diese sollte die Bundesregierung mit Unterstützung der europäischen Institutionen und Partner die *Entwicklung geeigneter Programme* vorantreiben, die jedem ein würdiges Leben nach den regionalspezifischen Lebensbedingungen ermöglichen.
- Für das sozialpolitische Zusammenwachsen der Gemeinschaft sollten die zuständigen Politiker und Behörden einen *Stufenplan* entwickeln, der diese Annäherung im Gleichklang mit der Entwicklung der wirtschaftlichen Leistungsfähigkeit in den Mitgliedsstaaten voranbringt. Ein erster Schritt dazu muß ein Katalog grundlegender sozialer Rechte sein, wie sie die Gemeinschaftscharta in einigen wichtigen Bereichen – wenn auch ohne Rechtsverbindlichkeit – formuliert hat; dieser Katalog ist außerdem noch ergänzungsbedürftig. Einen zweiten Schritt bilden solche Mindestvorschriften für die Arbeitswelt, wie sie auch im Aktionsprogramm der EG-Kommission vorgesehen sind. Dieser Weg ist weiter zu beschreiten.
- Das bedeutet, daß *soziale Grundrechte und Mindestvorschriften* im Laufe der Zeit parallel zu dem Aufholprozeß der wirtschaftlich schwächeren Länder fortzuschreiben, zu verbessern und anzuheben sind, bis schließlich ein generell befriedigend erscheinender Zustand der sozialen Sicherheit und Wohlfahrt in der Europäischen Gemeinschaft insgesamt erreicht ist, der dann gemeinsam administriert und fortentwickelt werden kann.

- Eine weitere Chance der europäischen Einigung sollte zunehmend wahrgenommen werden: Es kann nicht allein und stets um »gemeinsame Regelungen« gehen; die europäischen Staaten können auch *voneinander lernen*. Nicht in allen Fällen sind die bei uns geltenden Regelungen die wünschenswertesten; in vielen Fällen bestehen in anderen Ländern der Gemeinschaft sozial vorteilhaftere oder zweckmäßigere Regelungen. Sie sollten von uns übernommen werden.

1.1. Koordination der sozialen Sicherungssysteme

(82) Die historisch gewachsenen sozialen Sicherheitssysteme der einzelnen Mitgliedsstaaten unterscheiden sich nach Zielrichtung, Finanzierungsart, einbezogenem Personenkreis, Leistungsniveau und Organisationsform. Die verschiedenen Arbeits- und Sozialsysteme spiegeln nicht nur die Unterschiede im ökonomischen Potential der Länder wider, sie sind auch das Resultat abweichender historischer Entwicklungen und gesellschaftspolitischer Vorstellungen. Die Aufgabe kann nicht darin bestehen, diese Systeme durch einheitliche Regelungen zu ersetzen und so schließlich ein einheitliches Sozialsystem per Dekret zu verordnen. Das würde zu unerträglichen Friktionen innerhalb der einzelnen Systeme führen, und auch ein einheitliches Sozialsystem könnte den so unterschiedlichen Lebens- und Arbeitsbedingungen der Länder und Regionen nicht gerecht werden. Dennoch sollen *langfristig gleichwertige soziale Rahmenbedingungen und Lebensverhältnisse* geschaffen werden.

(83) Eine weitreichende Harmonisierung der Arbeits- und Sozialbedingungen ist angesichts der gravierenden historisch gewachsenen, wirtschaftlichen, organisatorischen und rechtlichen, insbesondere auch kulturellen Unterschiede in der Europäischen Gemeinschaft auf lange Zeit weder realisierbar noch wünschenswert. Vielmehr erscheint eine *Koordination* erforderlich, die allen Beteiligten die Erhaltung ihrer Eigentümlichkeiten, aber auch ein Aufholen im Niveau des Wohlstands gestattet und der Freizügigkeit dient. Eine solche Koordination kann mit einer graduellen Kompetenzverschiebung innerhalb der gegebenen institutionellen Strukturen der Europäischen Gemeinschaft erreicht werden.

(84) Insbesondere den Ländern, deren Wirtschaft vorerst noch über

eine geringere Leistungsfähigkeit verfügt und deren soziale Systeme infolgedessen noch nicht den Schutz und die Sicherheit bieten können, die andere Mitglieder der Gemeinschaft bereits erreicht haben, muß die Selbstbestimmung über den Aufwand vorbehalten bleiben, den sie für ihren sozialen Wohlstand aufbringen wollen. Bis auf weiteres erscheint es durchaus möglich, daß sie ihre derzeitigen Standortvorteile zugunsten einer besseren Wettbewerbsposition gegenüber den Ländern eines höheren Wohlfahrtsniveaus erhalten wollen. Umgekehrt kann es nicht im Interesse der Beschäftigten anderer Länder liegen, wenn ihr Niveau an sozialer Sicherheit zugunsten einer Harmonisierung eingeschränkt würde.

(85) Für eine – vielleicht langdauernde – Übergangszeit muß daher die Bestimmung der Sozialleistungen der Art und Höhe nach in der Zuständigkeit der einzelnen Staaten bleiben. Daraus folgt, daß die nationalen Gesetzgebungskompetenzen im Sozialbereich erhalten bleiben sollten. In dem Maße jedoch, in dem sich die Niveaus der Mitgliederländer einander annähern, sollte die Koordination der Systeme sozialer Sicherheit in ein Stadium überführt werden, das – bei Erhaltung der gewachsenen Systemstrukturen in dem von den beteiligten Staaten erwünschten Maße – eine zwar vielfältige, aber dem Niveau nach *möglichst gleich ausgestattete europäische Sozialordnung* darstellt. Nur zur Gewährleistung von vergleichbaren Lebensverhältnissen in den Regionen als einer Gemeinschaftsaufgabe Europas wären die sozialpolitischen Kompetenzen allmählich auf gemeinsame europäische Instanzen zu übertragen. Das Instrument der Setzung von Mindeststandards, das vorerst nur mit großer Vorsicht und Zurückhaltung gehandhabt werden kann, dürfte in diesem Prozeß zunehmende Bedeutung gewinnen.

(86) Die Europäische Gemeinschaft wird erst mit der Zeit ein höheres Maß an Staatlichkeit entwickeln können, das sie zu politisch verantwortungsvollen gemeinschaftsweiten Maßnahmen in sozialen Bereichen instandsetzt. In dieser Zeit können aber bereits Bedingungen geschaffen worden sein, die eine verantwortungsgerechte soziale Entwicklung nicht mehr gestatten. Deshalb steht es in der Zwischenzeit in der *Verantwortung der nationalen Regierungen,* das notwendige Maß an Solidarität aufzubringen, um eine soziale Entwicklung einzuleiten, die schließlich zu einer allgemeinen sozialen Sicherheit für alle Menschen in der Gemeinschaft auf vergleichbarem Niveau führen kann.

(87) Die Gemeinschaftscharta der sozialen Grundrechte der Arbeitnehmer weist einen Weg in diese Richtung. Aber nicht alle Staaten haben ihr zugestimmt, und es konnten in ihr noch nicht alle Probleme angesprochen werden, die der Lösung bedürfen. Angesichts einer nur begrenzten Entscheidungsfähigkeit des Rates ist auch die EG-Kommission darin gehemmt, dringende Fragen aufzuwerfen. Damit stellt sich die *Aufgabe*,

- die Verfassung der Europäischen Gemeinschaft im allgemeinen europäischen Interesse in Richtung auf eine zur Sozialpolitik handlungsfähige Spitze fortzuentwickeln;
- in der Zwischenzeit für eine sozialverpflichtete Entwicklung zu sorgen, die mit den wirtschaftlichen, natürlichen, kulturellen und humanen Regionalpotentialen pfleglich und förderlich umgeht;
- die Gemeinschaftscharta zu ergänzen und weiterzuentwickeln und mit verpflichtenden Regelungen schrittweise in eine europäische Sozialordnung umzusetzen, die den Menschen und Regionen eine faire und gleichwertige Chance zur Entwicklung leistungsfähiger und menschenwürdiger Arbeitsformen und ihnen angemessener Lebensbedingungen bietet.

1.2. Sozialpolitik im Rahmen unterschiedlicher sozialer Strukturen

(88) Neben der Notwendigkeit, die kulturellen und wirtschaftlichen *Eigentümlichkeiten der Regionen zu erhalten,* erfordert auch ihre unterschiedliche Bevölkerungsstruktur und deren Entwicklung auf absehbare Zeit eine differenzierte Sozialpolitik. Während in den ländlichen Gebieten die Familien größer und dementsprechend die Kinder und Jugendlichen zahlreicher sind als die älteren Menschen, setzen sich in den industrialisierten Gebieten kleinere und vielfältigere Familienformen durch, bei denen der Anteil der älteren Menschen denjenigen der jüngeren überwiegt. Die Belastungen der Familien sind entsprechend unterschiedlich, zumal die modernen Systeme der sozialen Sicherung die Familien eher von den Belastungen des Alterns als von denen der Erziehung entlasten. Die demographischen Unterschiede und Veränderungen stellen die Systeme der sozialen Sicherheit vor Anforderungen, die in den weniger wohlhabenden Ländern

der Gemeinschaft nicht in befriedigender Weise aus eigener Kraft bewältigt werden können.

(89) Unter diesen Bedingungen stellt sich die Frage nach einer *arbeitsweltbezogenen Familienpolitik und einer familienbezogenen Beschäftigungspolitik* noch einmal neu. In den industrialisierten Gebieten Europas führt insbesondere die steigende Lebenserwartung zu vermehrten Alterskrankheiten und wegen des Mangels an Pflegeeinrichtungen zu großen Belastungen der Familien. In den vorwiegend landwirtschaftlich strukturierten Gebieten werden trotz entgegenstehender Vorschriften auch Kinder noch zu gewerblichen Arbeiten herangezogen, um die Existenz der Familien auch im Falle von Erkrankungen von Erwachsenen zu sichern; ihre berufliche Ausbildung leidet darunter. Die Lasten der Situation werden in beiden Fällen insbesondere von den Frauen getragen. Deshalb sind Vorkehrungen nötig, um den Frauen die Wahl zu ermöglichen, ob sie erwerbsmäßig arbeiten wollen oder nicht.

1.3. Regionalspezifische Sozialpolitik und überregionale Solidarität

(90) Die Wirtschaftsbedingungen in einem sich ausdehnenden Binnenmarkt werden die Regionen in Europa grundlegend verändern. Eine *Beschäftigungspolitik*, die angesichts dieser Strukturveränderungen wirksam werden soll, wird sowohl an die endogenen Potentiale der Regionen, in denen eine industrielle Entwicklung nicht zu erwarten ist, anknüpfen wie auch die unvermeidliche Mobilität der Erwerbsbevölkerung in Rechnung stellen und unterstützen müssen.

Die Zielsetzung kann nicht einfach eine durchgängige Industrialisierung aller europäischen Gebiete sein. Die regionalen und lokalen sozialen Kulturen bedürfen der Pflege, ihre Regelungen der Wahrnehmung, Schonung und Förderung. Abgesehen von dem Eigenwert solcher Traditionen müssen für die eingesessene Bevölkerung alternative soziale Sicherheiten und Erwerbsgrundlagen geschaffen werden, die dem Identitätsverlust und dem Vermögensverfall entgegenwirken. Die Mitwirkung der Bevölkerung bei der Gestaltung neuer regional bestimmter, wirtschaftlich tragfähiger Strukturen ist unabdingbar. Es werden deshalb Systeme des Finanzausgleichs zu entwickeln und für Schongebiete auch Ausgleichszahlungen vorzusehen sein.

Die Veränderungen durch den gemeinsamen Binnenmarkt können so zu einer neuen regionalen Arbeitsteilung führen; das ist teilweise sogar gerechtfertigt. Eine derartige Regionalisierung darf jedoch nicht allein unter gesamtwirtschaftlichen Gesichtspunkten bestimmte Gebiete strukturell einseitig werden lassen, sie etwa vorzugsweise nur der Agrarwirtschaft, den Industriestandorten oder der Erholung vorbehalten. Sonst werden auf der einen Seite wirtschafts- und regionalpolitisch fragwürdige Monostrukturen, auf der anderen auch Benachteiligungen für Regionen entstehen. Damit werden die herkömmlichen Wirtschafts- und Sozialstrukturen solcher Gebiete zerstört, ohne daß sichergestellt wäre, daß – wie an Beispielen etwa in Süditalien erkennbar wurde – damit die notwendige Umstrukturierung solcher Gebiete auch wirtschaftlich erfolgreich durchgeführt werden kann. Demgegenüber muß es darauf ankommen, das soziale Eigenleben der Regionen zu erhalten und deren »endogenes Potential« zu entwickeln sowie zu stärken und es behutsam in eine wirtschaftlich dauerhaft lebensfähige Verfassung zu überführen.
Besonders benachteiligt sind die strukturschwachen ländlichen Regionen am südlichen und westlichen Rande und traditionelle Industrieregionen mit strukturellen Anpassungsproblemen im Norden der Gemeinschaft. So ist die Europäische Gemeinschaft nach Einschätzung der Kommission »noch weit entfernt« von der Verwirklichung des wirtschaftlichen und sozialen Zusammenhalts. Es wird erwartet, daß die Binnenmarktentwicklung dieses Regionalgefälle weiter verschärft. Sie wird eine übermäßige Konzentration in den begünstigten Gebieten und eine verminderte Auslastung der regionalen Ressourcen in den schwächsten Regionen fördern. Schlechtere Lebenschancen in den strukturschwachen Regionen aber werden den Trend zu weiterer Abwanderung verstärken.

(91) Aus diesem Grunde ist eine *aktive wirtschafts- und regionalpolitische Flankierung der Binnenmarktintegration* unabdingbar. Eine Angleichung der Lebens- und Arbeitschancen in den verschiedenen Regionen ist eine zentrale Voraussetzung für den wirtschaftlichen und sozialen Zusammenhang der Gemeinschaft und für ihre Akzeptanz bei ihren Bürgern. Ohne Einebnung des Regionalgefälles ist eine soziale Gestaltung des EG-weiten Strukturwandels nicht realisierbar.

Um einer weiteren Verschlechterung der Regionalentwicklung vorzubeugen, sind 1987 die Strukturfonds der Europäischen Gemeinschaft reformiert worden. Die Reform beinhaltet eine Aufstockung und die regionale Konzentration der Finanzmittel auf die schwächsten Länder und Regionen und den integrierten Einsatz aller strukturpolitischen Instrumente auf der Grundlage gemeinschaftlicher Programme und Pläne.

(92) Insgesamt sollen die *Fondsmittel* bis 1992 verdoppelt werden. An die Stelle der Projektförderung ist die Mitfinanzierung operationeller Programme getreten. Das Verfahren sieht eine dezentrale Verwaltung der Fondsinterventionen im Interesse einer Partnerschaft auf lokaler, regionaler, nationaler und gemeinschaftlicher Ebene vor. Die Koordination der Strukturfonds soll der Entwicklung und der strukturellen Anpassung der Regionen mit Entwicklungsrückstand, der Umstellung der Regionen, die von der rückläufigen industriellen Entwicklung schwer betroffen sind, der Bekämpfung der Langzeitarbeitslosigkeit, der Eingliederung der Jugendlichen in das Erwerbsleben, der Förderung der Entwicklung des ländlichen Raums und der beschleunigten Anpassung der Agrarstrukturen dienen. Zweifellos ist diese Reform ein Schritt in die richtige Richtung. Ihre Zielsetzungen verdienen volle Unterstützung.

Fraglich bleibt jedoch, ob eine ausreichende Beteiligung des Europäischen Parlaments an der regionalen Planung und der betroffenen Menschen in den Regionen sowie eine den regional unterschiedlichen Bedingungen entsprechende Steuerung durch das vorliegende Konzept bereits gewährleistet sind. Auch die Höhe der Finanzmittel dürfte – trotz der Verdoppelung – kaum ausreichen, um die angestrebten Ziele zu erreichen und den Trend zur übermäßigen Konzentration und zur Erweiterung des Regionalgefälles infolge der Binnenmarktentwicklung umzukehren.

(93) Um die Regionalpolitik der Europäischen Gemeinschaft zum Erfolg zu führen, bedarf es einer gemeinsamen Anstrengung der Gemeinschaft und der Mitgliedsstaaten, und zwar nicht nur im Bereich der Regionalpolitik, sondern auch in der Wirtschafts- und Strukturpolitik. Nur ein *politischer Gesamtansatz* kann das in der Einheitlichen Europäischen Akte formulierte Ziel verwirklichen.

(94) In bestimmten Gebieten wird die landwirtschaftliche Produktion nur unter besonderen Auflagen gefördert werden. Das wird auch die regionalen Strukturen der landwirtschaftlichen Produktion – von denen immer noch ein Großteil der europäischen Bevölkerung seinen Lebensunterhalt bezieht und die auch einen wichtigen Beitrag zur

Pflege der Landschaft leistet oder leisten kann – verändern. Unter den Bedingungen der europäischen Agrarpolitik werden aber nur diejenigen Landwirte sich behaupten können, die eine moderne Produktionstechnik optimal beherrschen, die umweltschonend produzieren und die ausreichende ökonomische und ökologische Kenntnisse besitzen; das ist nicht bei allen Landwirten in allen Ländern der EG gleichmäßig vorauszusetzen. Eine *permanente Strukturverbesserung ist daher unerläßlich*. Nur wenn die wirtschaftlichen und politischen Rahmenbedingungen entsprechend gesetzt werden, können die Dörfer und ihre Bewohner in den ländlich geprägten Landschaften in Europa überleben.

2. Europaweite Beschäftigungspolitik

(95) Ein Hauptproblem der Europäischen Gemeinschaft liegt in der *Gefahr einer andauernden und umfangreichen Arbeitslosigkeit*; man wird es nicht allein den Kräften des Marktes überlassen dürfen. Mehr als bisher wird sich die Europäische Gemeinschaft in der Arbeitsmarkt-,Beschäftigungs- und Berufsbildungspolitik zu engagieren haben.

Der 1986 durch die EG-Kommission in Auftrag gegebene Forschungsbericht von P. Cecchini mit dem Titel »Die Kosten der Nichtverwirklichung Europas« rechnet mit einem nichtinflationären Wirtschaftswachstum von fünf bis sieben Prozent und – auf mittlere Sicht – mit zwei bis fünf Millionen zusätzlichen Arbeitsplätzen. Man hofft also, die Zahl von mehr als 14 Millionen Arbeitslosen in der Gemeinschaft deutlich senken zu können. Es sind jedoch hinsichtlich der Beschäftigungseffekte Zweifel an der optimistischen Prognose des Cecchini-Berichts laut geworden. Weiteres Wachstum muß sich nicht notwendigerweise in zusätzlichen Arbeitsplätzen niederschlagen. Ein großer Teil der Wachstumswirkung im Binnenmarkt wird sich über den erhöhten Wettbewerbsdruck entfalten, d. h. aber: über Rationalisierung und Produktivitätsfortschritt. Nur wenn die zu erwartende Produktionsausweitung größer ist als die Leistungssteigerung je Arbeitskraft, werden mehr Arbeitskräfte eingestellt; es ist mindestens sehr unsicher, ob dies der Fall sein wird. Im übrigen kann der Arbeitsmarkt nur durch ein Wachstum der Dienst-

leistungen ausgeweitet werden, die ebenso entsprechende berufliche Qualifikationen und Initiative wie ein gesteigertes Konsumniveau voraussetzen. Beides kann sich erst mit der Zeit einstellen.
In den Ländern der Europäischen Gemeinschaft (mit Ausnahme von Dänemark) bestehen obligatorische Systeme zur Versicherung gegen Arbeitslosigkeit für fast alle Arbeitnehmer auf gesetzlicher Grundlage und (mit Ausnahme von Großbritannien und Irland) nach dem Äquivalenzprinzip, zumeist ergänzt durch staatliche Unterstützungen nach Art der bundesdeutschen Arbeitslosenhilfe. Die infolge der steigenden Arbeitslosigkeit entstandenen Finanzierungsprobleme wurden – bei Leistungen nach dem Versicherungsprinzip – vielfach durch Einschränkung des Kreises der Leistungsberechtigten oder – bei vorherrschendem Fürsorgeprinzip – durch Senkung des Leistungsniveaus beantwortet. Dadurch sind beträchtliche Unterschiede entstanden, die sich auf die Mobilität der Betriebe und der Arbeitnehmer auswirken können.

(96) Um dem entgegenzuwirken, ist für die Arbeitnehmer ein *Verrechnungsverfahren* nach dem Prinzip des Beschäftigungslandes, für die Unternehmungen eine Neutralisierung der Lastendifferenzen anzustreben. Das »*Territorialitätsprinzip*« muß zum gegenwärtigen Zeitpunkt bei derartigen Regeln Beachtung finden. Es besagt, daß Rechtsvorschriften für alle Personen gelten, die in dem betreffenden Gebiet ihre Rechtsansprüche erworben haben. Damit wird verhindert, daß Rechtsvorschriften, die dem nicht folgen, eine Zuwanderung in Staaten mit hohem Sozialleistungsniveau auslösen.
(97) Zu den erforderlichen Regelungen gehört auch die vorgesehene Änderung der Richtlinie von 1987 mit dem Verfahren einer *Informationspflicht bei Massenentlassungen*, der im Hinblick auf die erwartete wirtschaftliche Dynamik des Binnenmarktes eine besondere Bedeutung zukommt. Doch können Informationspflichten nicht genügen. Kleinbetriebe können die Umstellung auf konkurrenzfähige Produktionsformen und Produkte nicht aus eigener Kraft vornehmen; sie benötigen mindestens ausreichende und finanzierbare Kredite. Die berufliche und regionale Mobilität muß durch Beratungen und Hilfen unterstützt werden. Ein System von Umschulungen und Eingliederungshilfen muß eine kontinuierliche Beschäftigung auch im Zuge des Strukturwandels ermöglichen. Da ein Zuwachs an Arbeitsplätzen vornehmlich bei qualifizierten Beschäftigungspositionen und in den Dienstleistungen zu erwarten ist, werden hierfür erhebliche Aufwendungen vorzusehen sein.

3. Partizipation der Arbeitnehmerinnen und Arbeitnehmer an Entscheidungen

(98) Der Präsident der EG-Kommission hat mehrfach erklärt, daß er die *Partizipation der Arbeitnehmer als unverzichtbaren Bestandteil des Sozialen Europa* betrachtet. Dem folgen jedoch nicht alle Länder in ihrer Praxis; bei geringem Organisationsgrad der Arbeitnehmer sind die Gewerkschaften keine gleichgewichtigen Partner der Arbeitgeberseite.

Die EG-Kommission legt sich bisher nicht auf eine bestimmte Form der Mitbestimmung fest; vielmehr solle, so meint sie, den Tarifvertragspartnern in den Mitgliedsländern ein »Menü« angeboten werden, das Regelungen unterschiedlicher Intensität enthält, und aus dem sich jedes Land die für dieses geeigneten Teile heraussuchen könne. Dieses Menü enthält auch Elemente der deutschen Betriebsverfassung, der Unternehmensmitbestimmung mit Beteiligung von Belegschaftsvertretern und Gewerkschaftsfunktionären in den Aufsichtsräten größerer Kapitalgesellschaften. Allerdings haben sich auch die glühendsten Verfechter des deutschen Konzepts in der Regel davor gehütet, diese deutsche Errungenschaft als Exportartikel zu betrachten und es ausländischen Partnern aufzudrängen. Die europäische Sozialgeschichte der letzten Jahrzehnte hat uns gelehrt, daß keines unserer Nachbarländer die deutsche Mitbestimmung trotz augenfälliger Bewährung in ihrer reinen Form zu übernehmen bereit war. Umgekehrt haben auch die deutschen Sozialpartner und Gesetzgeber in dieser Hinsicht keine Anleihen bei anderen Sozialsystemen gemacht.
Hieraus läßt sich leicht der Schluß ziehen, daß hinsichtlich der Partizipation der Arbeitnehmer und ihrer Gewerkschaften an der Gestaltung der Entscheidungsprozesse im Betrieb und im Unternehmen jedes Mitglied der Gemeinschaft seinen eigenen Weg gehen kann. Dieser Zustand birgt Gefahren – für die Arbeitnehmer, aber auch für den sozialen Frieden. Deshalb sollte von deutscher Seite darauf gedrungen werden, daß gewisse Mitwirkungsrechte in allen europäischen – auch den länderübergreifenden – Unternehmungen wenigstens in einer den Mindestanforderungen genügenden Form realisiert werden müssen.

(99) Die *Mitwirkung* der Arbeitnehmer in den Betrieben an deren Arbeits- und Lohnbedingungen muß unter allen Umständen gewährleistet sein. Auch und gerade, wenn das politische Interesse dazu ge-

genwärtig noch gering zu sein scheint, muß die allmählich zunehmende Bereitschaft, diese Frage zu erörtern, gestützt und verstärkt werden. Besser steht es mit der sogenannten überbetrieblichen Mitbestimmung. Darunter fallen die Selbstverwaltungsorgane der Sozialversicherung und die Institutionen der beruflichen Bildung, um nur die wichtigsten Bereiche zu nennen. In vielen, wenn nicht in allen Ländern der EG sind Vertreter der Versicherten, Gewerkschaften und Arbeitgeber neben den Vertretern der zuständigen Behörden an der Gestaltung von Einnahmen und Ausgaben und an der Kontrolle des Managements von Renten-, Kranken-, Arbeitslosen- und Unfallversicherung beteiligt. Es gibt keinerlei Gründe, die dafür sprechen, diese Selbstverwaltung abzubauen; im Gegenteil, es ist zu überlegen, ob die Rechte der Selbstverwaltung nicht deutlich gestärkt werden sollten.

(100) Faßt man Begriff und Wirklichkeit der überbetrieblichen Mitbestimmung weiter, so fiele etwa die *gesamte Tarifpolitik* darunter, zumindest aber die Beteiligung der Gewerkschaften und Arbeitgeber an nationalen und regionalen Wirtschafts- und Sozialräten, Strukturbeiräten und dergleichen. Auf diesem Gebiet gibt es in uns benachbarten Staaten interessante und bewährte *Beispiele*.

(101) An die EG-Kommission wäre zu appellieren, die Initiative für *übernationale Entwicklungen* auf diesem Gebiet zu ergreifen. Eine bessere Zusammenarbeit der Gewerkschaften auf europäischer Ebene und Stärkung ihrer Wirksamkeit trotz der noch großen Unterschiede in ihrem jeweiligen Selbstverständnis wäre erforderlich. Als »Startrampe« für solche Entwicklungen böte sich der Wirtschafts- und Sozialausschuß der Europäischen Gemeinschaft an.

4. Ausgestaltung der Arbeitswelt

4.1. Regelungen der Bedingungen am Arbeitsplatz

(102) Die Bemühungen um eine weitere Rationalisierung der Produktion werden auch als Folge der Verwirklichung des gemeinsamen Binnenmarktes zunehmen. Daraus ergeben sich ständig neue Veranlassungen für weitere *Regelungen der Arbeitsbedingungen*.

(103) Die beträchtlichen regionalen Disparitäten etwa beim *Lohnniveau* und bei der sozialen Sicherheit haben sich in den letzten Jahren nicht abmildern lassen. Sie so weit wie möglich auszugleichen war die erklärte Absicht der Römischen Verträge. Die gegenwärtige wirtschaftliche Dynamik und der europäische Einigungsprozeß könnten diese Intention in den Hintergrund des Handlungsinteresses rücken, mit dem Ergebnis, daß die Unterschiede sich weiter verstärken. Nachträglich aber wird ein Ausgleich noch schwieriger werden; er muß im Zuge der laufenden Entwicklung vorgenommen werden.

(104) Die bestehenden *arbeitsrechtlichen Regelungen* lassen trotz befriedigender Lösungen in zahlreichen Bereichen noch wesentliche Punkte, deren Sicherung in der europäischen Arbeitswelt unverzichtbar erscheint, offen. Dazu gehören insbesondere die Verpflichtung, der Vollbeschäftigung in allen einschlägigen Bereichen der Politik eine Priorität einzuräumen, die Klärung der Bedingungen für atypische Arbeitsverhältnisse (wie etwa Leiharbeit und abhängige Selbständigkeit), die Bestimmung der Mitwirkungs- und Fortbildungsrechte der Arbeitnehmer bei der Einführung technischer Neuerungen am Arbeitsplatz und der Umweltschutz innerhalb der Betriebe. Für die arbeitsrechtlichen Bedingungen bei einer Beschäftigung außerhalb des Heimatlandes sollten nach Möglichkeit die anspruchsvolleren Regelungen gelten, seien diese diejenigen des Heimatlandes oder des Beschäftigungslandes.

(105) Europäische *Richtlinien* zur Regelung von Mindestrechten bei der Arbeitszeit, zur Gestaltung der Arbeitsverträge, zum Schutz schwangerer Frauen am Arbeitsplatz, zum Jugendarbeitsschutz, zur Unterstützung Behinderter und andere werden von der EG-Kommission vorbereitet, soweit sie nicht bereits Gegenstand internationaler Abkommen sind. Darüberhinaus sollten aber weitere Mindestregelungen vorgenommen werden; so bei der unentgeltlichen Berufsberatung und Arbeitsvermittlung, der Gewährleistung eines Beschäftigungsmindestalters, der Eingliederung von Behinderten, der Sicherung eines angemessenen Jahresurlaubs, der Entgeltfortzahlung an Feiertagen und im Krankheitsfall, beim Mutterschutz und bei den Rechten von Arbeitnehmervertretern in grenzüberschreitenden Konzernen mindestens auf Information. Es fehlen aber auch – jedenfalls bis zum bisherigen Zeitpunkt – gemeinsame Vorschriften für den Schutz der Arbeitnehmer beim Einsatz der Elektronischen Datenverarbeitung, etwa auch bei Heimarbeit, und bei der Verwendung perso-

nenbezogener Daten. Aber auch auf konventionellen Gebieten sind noch wichtige Fragen ungelöst.

(106) *Arbeitsunfälle* sowie berufsbedingte Erkrankungen verursachen in der gesamten Europäischen Gemeinschaft noch immer erhebliche soziale und materielle Kosten. Deshalb ist es notwendig, die Bemühungen um eine allgemeine Verbesserung des Gesundheitsschutzes und der Sicherheit am Arbeitsplatz zu verstärken.

(107) Gute Ansatzpunkte hierfür bietet *Artikel 118a,* der durch die Einheitliche Akte neu in den EWG-Vertrag eingefügt wurde: Er ermöglicht es, Mindestvorschriften zur Verbesserung der Arbeitsumwelt zu erlassen. Seit Inkrafttreten der Einheitlichen Akte hat die Gemeinschaft bereits eine ganze Reihe solcher Richtlinien verabschiedet. Das Instrument der Mindestvorschriften läßt es zu, daß die einzelnen Staaten für ihren eigenen Geltungsbereich über die gemeinschaftlich vereinbarten Standards hinausgehen. Eine Absenkung der national erreichten Arbeitsschutz-Niveaus durch Harmonisierungsmaßnahmen ist daher nicht zu befürchten. Es ist also wünschenswert, daß dieses Instrument verstärkt genutzt wird.

(108) Probleme bereitet demgegenüber eine zweite Rechtsgrundlage, auf die ebenfalls Arbeitsschutz-Richtlinien gestützt werden, nämlich *Artikel 100a des EWG-Vertrages* (Maßnahmen zur Angleichung der Rechts- und Verwaltungsvorschriften im Zusammenhang mit der Verwirklichung des Binnenmarktes). Hier kann mit qualifizierter Mehrheit – also ohne erforderliche Einstimmigkeit – entschieden werden; allerdings dürfen nationale Standards dann über das Gemeinschaftsrecht nicht hinausgehen. Diese Richtlinien regeln indes nicht Sicherheitsanforderungen an den Betriebsablauf, sondern Anforderungen an die Beschaffenheit von Erzeugnissen, z. B. von Maschinen.

(109) Richtlinien, die auf der Rechtsgrundlage des Artikel 100a EWG-Vertrag beruhen, folgen auch konzeptionell einem neuen Ansatz. In der Richtlinie selbst werden lediglich grundlegende Sicherheitsanforderungen festgelegt; die Details werden durch europäische Normen geregelt. Damit verschieben sich viele der eigentlichen Probleme auf die Normensetzung. Hier müssen die politisch Verantwortlichen mit Nachdruck an ihre Versprechen erinnert werden, daß Gemeinschaftsmaßnahmen das in den Mitgliedsstaaten bereits erreichte Schutzniveau nicht schmälern dürfen. Berechtigt erscheint infolgedessen auch die Forderung, daß die Sozialpartner stärker bei der europäischen Normsetzung beteiligt werden sollten.

4.2. *Schutz, Förderung und Hilfen für Frauen in der Arbeitswelt*

(110) In den *Römischen Verträgen* der Europäischen Wirtschaftsgemeinschaft von 1957 (EWG- und Euratomvertrag) bezieht sich nur ein Artikel auf die besondere Situation von Frauen: In *Artikel 119* wird die von den Mitgliedsstaaten herzustellende Lohngleichheit gefordert. Zwar währte es fast zwei Jahrzehnte, bis 1975 die rechtsverbindliche Richtlinie zur Lohngleichheit und 1976 die Richtlinie zur Gleichbehandlung von Frauen in der Beschäftigung verabschiedet wurden. Aber das Beispiel zeigte auch die Wirksamkeit des Verfahrens: Nachdem der Deutsche Bundestag 1980 das arbeitsrechtliche EG-Anpassungsgesetz verabschiedet hatte, stellte der Europäische Gerichtshof fest, daß dieses Gesetz den genannten Richtlinien noch nicht voll gerecht werde und erteilte eine entsprechende Rüge.

(111) In Artikel 16 fordert die Gemeinschaftscharta der sozialen Grundrechte vom Dezember 1989 den *weiteren Ausbau der Chancengleichheit für Männer und Frauen* und insbesondere auch solcher Maßnahmen, die es Frauen und auch Männern ermöglichen, ihre beruflichen und familiären Pflichten besser miteinander in Einklang zu bringen. Wichtige Richtlinien wie die über Teilzeitarbeit und Elternurlaub liegen im Entwurf vor.

(112) Die vereinbarte rechtliche Gleichstellung und die tatsächliche Gleichbehandlung sind jedoch noch *längst nicht verwirklicht* (Beispiel 611a BGB). Alle Mitgliedsstaaten der EG, gerade auch Deutschland, bleiben bei der Schaffung der Rechtsgrundlagen und vielmehr noch der Rechtswirklichkeit weit hinter ihren gemeinsamen Bekundungen zurück. Dabei stellt die fehlende Gleichbehandlung von Frauen und Männern einen der gravierendsten Gründe für die Entwicklungsrückstände und -differenzen innerhalb der Gemeinschaft dar. Diese Differenzen werden sich unter den Bedingungen des gemeinsamen Binnenmarktes noch schärfer ausprägen. Regierungen und Parlamente sollten sich nicht dem wachsenden Druck aussetzen, der aus den bestehenden Zuständen notwendigerweise entsteht.

Frauen stellen mit einem Anteil von fast 55 % die Mehrheit der Einwohner des künftigen Binnenmarktes; sie sind aber mit nur 20 % der Abgeordneten im Europäischen Parlament vertreten. Unter den abhängig Beschäftigten sind 38 % Frauen, darunter zwei Fünftel in Teilzeitarbeitsverhältnissen. Das Arbeitsentgelt von Frauen liegt im Durchschnitt noch immer um ein Drittel niedriger als das der Männer. Frauen sind nachweislich in den niedrigeren und geringer bezahlten Erwerbspositionen am häufigsten anzutreffen. Sie stellen den größeren Teil der Beschäftigten in Teilzeitarbeit und in ungesicherten Arbeitsverhältnissen und haben geringere Aufstiegschancen. Bereits diese wenigen Hinweise zeigen, daß Frauen auch heute noch nicht die gleichen Chancen und Rechte haben wie Männer. Dies gilt besonders für wirtschaftlich schwächere Gebiete und ist nicht zuletzt die Folge einer auch in weiten Gebieten Europas noch konventionellen Erziehung, die den Frauen keine berufsqualifizierende Ausbildung zubilligt. Die Entwicklung der weiblichen Erwerbstätigkeit in Deutschland ist vor allem durch die ständig zunehmenden Anteile von Frauen in der berufsqualifizierenden und weiterführenden Ausbildung ermöglicht worden. Aber weder ist diese Möglichkeit bei uns bereits allen Frauen zugänglich, noch darf man etwa die bei uns bereits erreichten Verhältnisse für alle Gebiete in Europa unterstellen; im Gegenteil, der Ausbildungsstand der Frauen in einigen Ländern und in vielen Gebieten der Europäischen Gemeinschaft ist noch sehr niedrig.

Deshalb befürchten viele, daß die vom Cecchini-Bericht aufgezeigte Umgestaltung des Arbeitsmarktes im Zusammenhang mit der Verwirklichung des Binnenmarktes und die zu erwartenden Rationalisierungsmaßnahmen, die mit Freisetzungen gerade in den vornehmlich von Frauen besetzten Beschäftigungsbereichen verbunden zu sein pflegen, in großen Teilen zu Lasten der Frauen gehen.

Es ist allerdings zu erwarten, daß die Erwerbstätigkeit der Frauen bei der Öffnung des Binnenmarktes besonders in den Dienstleistungen erheblich zunehmen wird. Der berufliche Bildungsstandard der Frauen dürfte sich in den kommenden Jahren europaweit fühlbar verbessern. Das setzt jedoch zunehmende Anstrengungen in den Ländern und Regionen voraus, die der gemeinsamen Unterstützung bedürfen. Eine bedeutende Aufgabe der europäischen Sozial- und Rechtspolitik besteht daher darin, die Lage der Frauen zu verbessern.

Die regionale Mobilität der Arbeitnehmer, die oft als Notwendigkeit für den Binnenmarkt und als Vorteil für die Arbeitnehmer bezeichnet wird, kann am ehesten von Ledigen wahrgenommen werden, weil verheiratete Frauen und Männer aus familiären Gründen weniger leicht in der Lage sind, ihren Wohnort an günstigeren Erwerbschancen zu orientieren. Arbeiterwanderungen zeigen das Muster, daß es vor allem die jüngeren ledigen Männer sind, die eine Chance zur Verbesserung ihrer beruflichen Aussichten in anderen Re-

gionen wahrnehmen können; Frauen sind weit weniger an diesen Wanderungen beteiligt.
Ebenso wird sich vermutlich bei der geltenden Arbeitszeitregelung leider nur wenig an der innerfamiliären Arbeitsteilung, die Frauen stärker an den Haushalt bindet, ändern. Das wirkt sich dort umso stärker aus, wo das Angebot an Dienstleistungen zur Kinderbetreuung unzureichend ist. Die Bemühungen um familienunterstützende Maßnahmen – wie eine Vermehrung von Kindergärten und -heimen, von Horten, Beratungsstellen und praktikablen Möglichkeiten zur Familienerholung – sind daher dringend zu verstärken, um den Frauen wenigstens annähernd gleichartige Bedingungen für ihre kontinuierliche Erwerbstätigkeit zu verschaffen. Es kann nicht geleugnet werden, daß Umfang und Stil männlicher Erwerbstätigkeit nur dadurch ermöglicht wird, daß die entstehenden Belastungen von Frauen übernommen werden.
Hierbei sind die kulturellen Unterschiede in den Ländern und Regionen der Gemeinschaft zu beachten. Es kann nicht darum gehen, überall die gleiche Art von Einrichtungen zu schaffen oder zu fördern, sondern es geht darum, überall tendenziell gleichwertige Gelegenheiten zur Unterbringung von Kindern zu ermöglichen.
Gezielte Maßnahmen, die bereits im schulischen Bereich beginnen müßten, können Diskriminierungen in Bildung, Aus- und Weiterbildung, beim Beschäftigungszugang und beruflichen Aufstieg verhindern. Insbesondere aber sollte die Zurückstellung von Frauen bei der Einstellung für Erwerbstätigkeiten durch geeignete Maßnahmen verhindert werden. Wünschenswert sind Kompensationen für die Betriebe, die ihnen die Einstellung von Aushilfskräften für die Zeiten der Mutterschafts- und Erziehungsbeurlaubungen ermöglichen. Darüber hinaus könnte eine flexible, branchen- und tätigkeitsspezifische Orientierung erfolgen, die zunächst bei den bislang beobachteten Anteilen weiblicher Beschäftigter ansetzt und diese im Zuge der Entwicklung sukzessiv steigert, um die Gleichstellung zu fördern. Neben der Schaffung der rechtlichen Bedingungen für eine verstärkte Förderung von Frauen in Bildung und Berufsqualifikationen wäre es wünschenswert, in größerem Umfang geeignete Frauenprojekte aus den EG-Fonds zu fördern.
Die bessere Vereinbarkeit von Berufs- und Familienpflichten könnte weiterhin durch Maßnahmen bei der Verkürzung der Wochenarbeitszeiten, der Beschränkung von Nacht- und Schichtarbeit, durch Freistellung von der Kinderbetreuung (auch im Krankheitsfall), bei Arbeitsplatzgarantien und bei Wiedereingliederungsmaßnahmen nach längerer Familienphase erreicht werden. Auch solche steuer- und sozialversicherungsrechtlichen Bestimmungen, die Frauen de facto benachteiligen – etwa bei kurzzeitiger Beschäftigung und bei flexiblen Arbeitsformen wie Heimarbeit – müssen revidiert werden. Derar-

tige Maßnahmen, die zur Unterstützung der Lebensbedingungen von Frauen getroffen werden, sind ebenso als familienergänzende und -unterstützende Maßnahmen anzusehen und dienen damit im gleichen Maße auch den familienpolitischen Intentionen.

(113) *Maßnahmen zur Sicherung der Gleichstellung* und zur sozialen wie beruflichen Förderung der Frauen fallen vor allem in die nationale Zuständigkeit; die Europäische Gemeinschaft kann jedoch allgemeine Regelungen herbeiführen, die eine Benachteiligung aufgrund des Geschlechts verurteilen oder gar ausschließen; notfalls würde auch in diesem Falle dann der Europäische Gerichtshof tätig werden müssen. Da Frauen von Veränderungen auf dem Arbeitsmarkt der Europäischen Gemeinschaft spezifisch betroffen werden, müßten die Staaten zu entsprechenden Ausgleichsmaßnahmen verpflichtet werden, um die erforderliche Gleichstellung auch unter den sich veränderten Bedingungen zu gewährleisten.

(114) Nur eine *entschiedene Wahrnehmung ihrer Interessen* wird die Akzeptanz der europäischen Entwicklung bei den Frauen erhöhen. So könnte das zusammenwachsende Europa auch ein »Europa der Frauen« werden.

5. Anforderungen an die soziale Sicherheit in der europäischen Arbeitswelt

(115) Die soziale Sicherheit in der Arbeitswelt ist unauflöslich mit den anderen Systemen der *Grundsicherung* verzahnt. Deshalb werden diese angesichts des gemeinsamen Binnenmarktes – unbeschadet weitergehender Intentionen, auch im übrigen gleiche Sicherheitsstandards in den Ländern der Gemeinschaft anzustreben – im Interesse vergleichbarer Arbeitsbedingungen unmittelbar berührt; ihre Unterschiede sind in den Konsequenzen für die Arbeitnehmer zu bedenken und nach Vermögen auszugleichen.

(116) Die *Systeme der Alterssicherung* unterscheiden sich auch hinsichtlich der Altersgrenzen und der Leistungsberechnung; Unterschiede in der Arbeitswelt sind damit zugleich Unterschiede der Al-

terssicherung. Für die Zugangsvoraussetzungen zur Erwerbs- und Berufsunfähigkeitsrente und für die Altersgrenzen ist deshalb eine Teilharmonisierung anzustreben.

Die Kammer der EKD für Soziale Ordnung hat in ihrer Denkschrift zur Alterssicherung 1987 zu bedenken gegeben,

- eine beitragsfinanzierte Mindestsicherung für alle einzuführen, um der Armut im Alter vorzubeugen, und / oder
- eine bedürftigkeitsorientierte Mindestsicherung in die gesetzliche Alterssicherung zu implementieren, bei der niedrige Renten unter Anrechnung sonstigen Einkommens aufgestockt werden.

Vergleichbare Regelungen finden sich in den Volksversicherungssystemen der Niederlande, Dänemarks, Großbritanniens, Schwedens und der Schweiz als beitragsfinanzierte Grund- oder Mindestsicherung, bzw. in Frankreich, Italien und Österreich als Gewährung von Mindestleistungen.

In der Europäischen Gemeinschaft wird die Frage der Mindestsicherung unter zwei Aspekten diskutiert:

- Auch in Deutschland könnte eine Mindestsicherung in Anlehnung an die in den meisten europäischen Staaten bestehenden Regeln ausgebaut werden.
- Nach der Rechtsprechung des Europäischen Gerichtshofs sind auch Mindestsicherungsleistungen »exportfähig«, sie sind also von dem Lande, in dem sie erworben wurden, auch dann zu zahlen, wenn der Wohnort in ein anderes Land verlegt wird. Das gilt nach Auffassung des Europäischen Gerichtshofes selbst dann, wenn sie den Charakter der Sozialhilfe haben und an spezifische nationale Bedürftigkeitsmuster anknüpfen (»soziokulturelles Existenzminimum«).

(117) Es ist von dem Grundsatz auszugehen: In allen EG-Ländern muß eine *ausreichende Versorgung* bei Invalidität, Alter und Hinterbliebenenschaft garantiert werden; diese soll den Lebensbedingungen angemessen sein, die dem Land des Aufenthaltes – und nicht des Erwerbs der Ansprüche – entsprechen, damit ungerechtfertigte Unterschiede der Konsumbedingungen in der tatsächlichen sozialen Umgebung vermieden werden.
(118) Schon deshalb sind generelle Rechtsvorschriften, die *territoriale Unterschiede* im Sozialleistungsniveau nicht beachten, nur in begrenztem Umfang wünschenswert. Rechtsvorschriften, die dem

nicht folgen, können eine Zuwanderung in die Staaten mit hohem Sozialleistungsniveau auslösen. Aus der Sicht der betroffenen Länder kann das nicht wünschenswert sein, weil es die Finanzierbarkeit der nationalen Sozialpolitik und damit auch die Akzeptanz des europäischen Einigungsprozesses gefährden könnte.

Wegen der Unterschiede der nationalen Systeme der Gesundheitssicherung werden die Arbeitnehmer in verschiedenem Ausmaß belastet. Die Selbstbeteiligung bei den Arzt-, Heilmittel- und Krankenhauskosten ebenso wie die Lohnfortzahlung im Krankheitsfall sind erheblich unterschiedlich geregelt. Die Lohnfortzahlung im Krankheitsfall wird vorwiegend von den Arbeitgebern oder von der Sozialversicherung oder zu bestimmten Teilen von beiden getragen; dementsprechend sind die Belastungen der Arbeitnehmer unterschiedlich. Das Bestreben der Regierungen und Parlamente muß darauf gerichtet sein, das Maß des Gesundheitsschutzes und die dadurch für die Arbeitnehmer entstehenden Belastungen zu vereinheitlichen; dabei wird es zunächst auch um gemeinsame Mindeststandards gehen.
Geht man davon aus, daß der Sozialversicherung bei steigenden Einkommen zunehmend eher der Charakter einer Grundversorgung zukommen wird, so ist mit einem erhöhten Bedarf an privatem Versicherungsschutz zu rechnen, für dessen Entwicklung in etlichen Ländern ein erheblicher Nachholbedarf besteht.

(119) Da es jedoch die Absicht ist, das Wohlstandsgefälle und das entsprechende Gefälle der sozialen Sicherheit, das unter den Regionen der Europäischen Gemeinschaft besteht, sukzessiv abzubauen, wird dazu nicht nur ein Rahmenwerk von Vorschriften nötig sein, sondern insbesondere auch ein Werk materieller Solidarität. Der *Ausgleich des Gefälles* kann von den schwächeren Regionen – das ist allgemein anerkannt – nicht aus eigener Kraft geleistet werden. Ein Finanzausgleich zwischen wirtschaftsstärkeren und schwächeren Regionen und Ländern wäre daher das erste Gebot einer ernstgemeinten europäischen Solidarität. Ohne ihn bleibt auch die Gemeinschaft des Binnenmarkts national orientiert. Ein derartiges Instrument wird mit jeder Erweiterung der Gemeinschaft, wie sie auch in nächster Zukunft erwartet werden muß, dringlicher. Der Finanzausgleich kann direkt geleistet, kann aber auch durch eine geänderte Verfassung der bestehenden Fonds realisiert werden. Die beteiligten Regierungen und die hinter ihnen stehenden nationalen Parlamente werden sich zu einem

derartigen Schritt entschließen müssen, wenn sie sich nicht dem Vorwurf aussetzen wollen, daß sie die Europäische Gemeinschaft letztlich nur als ein Instrument der nationalen Stärkung gebrauchen wollen; einem derartigen Vorwurf dürften sich aber gerade die bundesdeutschen Politiker nicht aussetzen.

6. Freizügigkeit für alle in der Europäischen Gemeinschaft

(120) Mit der Verwirklichung des Binnenmarktes soll auch die *Freizügigkeit der EG-Bürger weiter verbessert* werden. Das ist dringend zu befürworten. Außerdem ist daran gedacht, gemäß dem Konzept eines »Europa der Bürger« den Ausländern aus den Mitgliedsstaaten ein Kommunalwahlrecht im Land ihres Wohnsitzes einzuräumen. Zur Verbesserung der Freizügigkeit will die EG-Kommission nicht nur bestehende Hindernisse beseitigen, sondern auch die Mobilität qualifizierter Fachkräfte fördern. So sinnvoll dieses Vorhaben erscheint, enthält es aber auch das Risiko, daß es zu einer verstärkten Zuwanderung von Fachkräften in die hochentwickelten Mitgliedsstaaten kommt – zu Lasten ärmerer und wirtschaftlich weniger entwickelter Staaten und Regionen. Einer solchen Tendenz müßte entgegengewirkt werden – etwa durch eine wirksamere Regionalpolitik.
Konkret schlägt die EG-Kommission insbesondere folgendes vor:

- Verbesserungen beim Familiennachzug zu EG-Bürgern, die in einem anderen Mitgliedsstaat beschäftigt sind. Die Freizügigkeit soll auf alle Blutsverwandten des Arbeitnehmers und seines Ehegatten in absteigender oder aufsteigender Linie sowie auf die unterhaltsberechtigten Seitenverwandten ausgedehnt werden;
- Anerkennung leistungsbegründender Gegebenheiten und Umstände im EG-Ausland so, als seien sie im eigenen Hoheitsgebiet eingetreten (also faktisch die Aufhebung des Territorialitätsprinzips);
- die Geltungsdauer der EG-Aufenthaltsgenehmigung soll nach

fünf Jahren ohne weiteres um jeweils zehn Jahre verlängert werden;

- Liberalisierung des Zugangs zur Beschäftigung im öffentlichen Bereich für EG-Ausländer;
- gegenseitige Anerkennung von beruflichen Qualifikationen.

Im Blick auf die angestrebte Freizügigkeit der Bürger in Europa bedarf es gemeinsamer Bemühungen, die darauf gerichtet sind, daß EG-Ausländer in ihrem Gastland in den vollen Genuß der Gleichbehandlung mit den Staatsbürgern am Ort sowohl hinsichtlich der Lebens- und Arbeitsbedingungen als auch der sozialen Sicherheit kommen. Freizügigkeit kann aber nicht bedeuten, daß jeder, der den Wohnsitz aus dem einen in ein anderes Land verlegt, dort die gleichen sozial- und familienpolitischen Rahmenbedingungen wie in seinem Herkunftsland erwarten könnte. Vielmehr kann jeder nur diejenigen erwarten, die den kulturellen Traditionen und den sozialökonomischen Entwicklungsbedingungen und Verfaßtheiten des Landes entsprechen, in dem er nun dauerhaft wohnt. Wer in dem einen Land für seine Kinder einen Hortplatz hatte, muß möglicherweise in einem anderen Land auf die Tradition der Kinderfrau zurückgreifen.

Die Qualität einer Sozialordnung in Europa ist daran zu messen, ob und in welchem Maß es den einzelnen Gesellschaften gelingt, ihre jeweiligen Migranten in ihre Leistungssysteme so zu integrieren und ihnen die Bedingungen so zu schaffen, daß sprachliche, berufliche und soziale Integration in dem Lande ihrer Wahl möglich ist, ohne daß sie die Identität ihres Herkunftslandes verleugnen müssen.

Die Freizügigkeit der Arbeitnehmer und die Niederlassungsfreiheit der Selbständigen erfordert auch eine entsprechende länderübergreifende Absicherung gegen soziale Risiken wie Invalidität, Krankheit, Arbeitslosigkeit, Arbeitsunfall und Berufskrankheiten.

Auch dabei geht es bislang in erster Linie um Regelungen zur Koordinierung, nicht zur Harmonisierung der sozialen Sicherungssysteme. Wegen der existentiellen Bedeutung dieser Systeme für den einzelnen Bürger sind Rechtsangleichungen auf diesem sensiblen Feld nur mit Augenmaß und Behutsamkeit möglich. Eine generelle Aufhebung des Grundsatzes, daß soziale Leistungen nicht exportiert werden und leistungsbegründende Tatbestände grundsätzlich im Inland eingetreten sein sollten (Territorialitätsprinzip), muß ein wichtiges Fernziel der EG sein, sofern sie zu einer echten Solidargemeinschaft weiterentwickelt werden soll. Die großen Unterschiede der Sozialsysteme und der Leistungshöhe in den einzelnen Mitgliedsstaaten erlauben hier allerdings nur ein schrittweises Vorgehen.

So hat ein Wanderarbeitnehmer, dessen Familie in seinem Heimatland verblieben ist, Anspruch auf Kindergeld im Staat seiner Beschäftigung, selbst wenn das nationale Recht verlangt, daß die Kinder im Inland leben. Die Höhe des Kindergeldes richtet sich bei EG-Angehörigen nach der Höhe der Leistungen des Beschäftigungslandes und nicht nach der Höhe der Leistungen, die im Wohnland der Kinder gezahlt werden (sog. Beschäftigungsland-Prinzip). Für Ausländer aus Drittstaaten ist das Kindergeld in Deutschland entsprechend den Bedingungen in ihrem Herkunftsland festgesetzt. Betrachtet man das Kindergeld lediglich als Instrument des Familienlastenausgleichs, so müßte sich die Leistung ausschließlich an den Lebenshaltungskosten im Aufenthaltsland der Kinder orientieren. Die jetzige, vom Europäischen Gerichtshof bestätigte Regelung garantiert dem Wanderarbeitnehmer jedoch eine Teilhabe an den sozialen Errungenschaften seines Beschäftigungslandes. Sie ist daher zu begrüßen.
Keine Gleichstellung der Territorien gibt es im Hinblick auf die Kindererziehungszeiten. Sie werden in Deutschland nur dann als Versicherungszeiten anerkannt, wenn und so lange die Eltern sich mit ihrem Kind auf dem Gebiet der Bundesrepublik Deutschland aufhalten und es hier erziehen. Dem Einwand der EG-Kommission, damit wäre der Grundsatz der Gleichbehandlung verletzt und der Wanderarbeitnehmer diskriminiert, übersieht, daß die Erziehung auf dem Territorium die einzige Voraussetzung für den Erwerb der Leistung ist. Im Gegensatz zu den Regelungen in anderen Mitgliedsstaaten kommt die Kindererziehungszeit auch solchen Personen zugute, die niemals berufstätig waren. Deshalb ist eine Anknüpfung an eine vorherige Beschäftigung, wie es die EG-Kommission zur Vermeidung der behaupteten Diskriminierung verlangt, gerade nicht gewollt.
Der Wanderarbeiter, der in Deutschland arbeitslos geworden ist und in sein Heimatland zurückkehrt, behält seinen Anspruch auf Arbeitslosengeld nur für drei Monate. Der von einigen Mitgliedsstaaten geforderte längere Export setzt jedoch einen gemeinsamen Arbeitsmarkt voraus, der bislang noch nicht vorhanden ist. Denkbar wäre es auch, die Exportmöglichkeit zu verlängern, wenn sich der Staat, der dann für die Arbeitsvermittlung zuständig ist, an der Finanzierung der Leistungen bei Arbeitslosigkeit beteiligt.
Auf dem Gebiet der Sozialhilfe ist festzustellen, daß einige Mitgliedsstaaten noch keine adäquate Grundsicherung kennen. Weil Sozialhilfe vom Prinzip her immer nur dort gewährt wird, wo sich die bedürftige Person aufhält, und ein Export hierbei grundsätzlich ausgeschlossen ist, sollten alle Länder so schnell wie möglich entsprechende Systeme einführen.

7. Rechte für Ausländer aus Drittstaaten

(121) Erleichterungen der Freizügigkeit für EG-Bürger sind sicherlich zu begrüßen. Es muß aber auch nach dem *Recht von Ausländern aus Drittstaaten* gefragt werden. Zurecht hat das Europäische Parlament die EG-Kommission aufgefordert, hinsichtlich der Freizügigkeit noch »vor der Verwirklichung des Binnenmarktes … in der geeigneten juristischen Form Texte vorzulegen, durch die den Arbeitnehmern aus Drittländern von den Mitgliedsstaaten gleichartige Rechte wie den Arbeitnehmern der Gemeinschaft« eingeräumt werden. Die Realisierung dieser Forderung fällt jedoch nicht in die Kompetenz der Gemeinschaft, sondern in diejenige der einzelnen Mitgliedsstaaten. In Deutschland – und nicht nur hier – machen sie die Mehrzahl der Ausländer aus. Schon jetzt sind sie rechtlich den EG-Bürgern gegenüber erheblich benachteiligt – insbesondere im Blick auf Aufenthaltsrecht und Familiennachzug. Auch wenn die europäische Integration gerade besondere Vorteile für die Angehörigen der Mitgliedsländer schaffen will, darf die Marginalisierung der bereits länger hier ansässigen Ausländer aus Drittstaaten durch die Binnenmarktentwicklung nicht weiter zunehmen.
(122) Die Länder der Gemeinschaft sind der Idee allgemeiner *Menschenrechte* verpflichtet und haben die wichtigsten Menschenrechtskonventionen unterzeichnet. Menschenrechte gelten allgemein jeder Person ohne Ansehen ihrer Herkunft, Rasse, Religionszugehörigkeit oder ihres Geschlechts. Für Arbeitnehmer aus Drittstaaten, die im Gebiet der Europäischen Gemeinschaft ansässig sind, kann das nur bedeuten, daß die arbeits- und sozialrechtlichen Regelungen uneingeschränkt auch für sie gelten müssen. Sie müssen auch gleichen Zugang zu Aus- und Weiterbildungsangeboten erhalten, damit sie ihre Chancen auf dem Arbeitsmarkt gleichartig wahrnehmen können.
(123) Notwendig ist eine *gemeinsame Migrations- und Asylpolitik* der Europäischen Gemeinschaft, die den humanitären Erfordernissen, den sozialen Standards und Möglichkeiten und den verschiedenen Verantwortlichkeiten auf wirtschaftlicher, sozialer und internationaler Ebene Rechnung trägt. Es bedarf einer gemeinsamen Politik im Blick auf die Visaregulierungen, die Einwanderung, den Zugang von Asylsuchenden und die Kontrolle an den äußeren Grenzen. Besonders dringend ist die Entlastung des Asylverfahrens. Das Asyl-

recht in seiner jetzigen grundgesetzlichen Ausformung ist unverzichtbar, um die Aufnahme von Menschen, die aus politischen Gründen verfolgt werden, zu garantieren. Aber auch hier muß es zu einer Weiterentwicklung auf europäischer Ebene kommen. Die vorhandenen rechtlichen Instrumente sollten so weiterentwickelt werden, daß die zugewanderten Ausländer aus Drittländern, die in der Europäischen Gemeinschaft in geregelten und stabilen Verhältnissen leben und arbeiten, Schritt für Schritt in die Gemeinschaft hineinwachsen.

D. Ausblicke auf ein solidarisches Europa

(124) Die bisherigen Darlegungen haben deutlich gemacht, daß bei einer nüchternen Betrachtung der gegenwärtigen Entwicklung in Europa – trotz aller Gefahren und trotz der Ambivalenz des von der EG bestimmten Einigungsprozesses – die Chancen für eine gedeihliche, solidarische Zukunft in Europa heute größer sind als je zuvor in der Vergangenheit. Sie zu nutzen ist die Aufgabe, an der die Kirchen zur Mitarbeit aufgerufen sind. Deshalb werden in dieser abschließenden Betrachtung die Aufgaben und Ziele noch einmal hervorgehoben, bei deren Verwirklichung sich Christen, christliche Gruppen und die Kirchen besonders engagieren sollen.

1. Ein Europa der Integration

(125) Niemals können Tendenzen mitgetragen werden, die zu einer Abschottung eines EG-Binnenmarktes führen und neue Schranken, Grenzen oder gar Mauern in und um Europa herum begünstigen. Das »europäische Haus« darf nicht zu einer »Festung Europa« werden. Die Europäische Gemeinschaft sollte die Erweiterung des Binnenmarktes durch Formen der Assoziierung und Integration der ost- und nordeuropäischen Staaten zügig verfolgen. Es darf aber auch nicht übersehen werden, daß mit jeder neuen Mitgliedschaft eine Bewußtseinserweiterung, ein Lernprozeß bei allen Beteiligten erforderlich wird und auch Opfer gebracht werden müssen. Europa braucht aktive Gruppen, die sich an diesem Lernprozeß beteiligen und zum Träger dieser Willensbildung werden. Die christlichen Gemeinden sind aufgerufen, Mechanismen der Abgrenzung zu widerstehen und zu lebendigen Kräften der Integration zu werden. Für viele in unseren Gemeinden ist Europa schon lange eine biographische Gegebenheit.

Uns allen sind Beispiele geläufig, wie in Gemeinden, in Verbänden und Vereinen durch Besuche, Begegnungen, Städtepartnerschaften, offizielle Dialoge, Aufbaulager, internationale Jugendzentren ein Geflecht von formellen und mehr persönlichen Beziehungen in Europa entstanden ist. Diese bereits vielfältig bestehenden grenzüberschreitenden Partnerschaftsbeziehungen zwischen Gemeinden in Europa sollen weiter ausgebaut werden. Regionale Kooperationsstrukturen, z. B. zwischen den Ostseeanrainerländern, die durch lange geschichtliche Erfahrungen besonders verbunden sind, sollen gefördert und vertieft werden.

2. Ein Europa sozialer Verbindlichkeit

(126) Unterstützung verdienen die Bestrebungen des Europäischen Parlaments, die »Europäische Sozialcharta« des Europarats sich zu eigen zu machen. Der Wirkungs- und Einflußbereich dieser Charta soll auf die EFTA-Staaten und die Staaten Osteuropas ausgedehnt werden. Dies würde dazu beitragen, daß die Bildung eines größeren europäischen Sozialraumes auf der Basis der »Europäischen Sozialcharta« möglich wird und bereits bestehendes – aber teilweise noch nicht rezipiertes – Sozialrecht in die Kooperations- und Assoziierungsabkommen eingebracht wird. Es muß das Ziel sein, die »Gemeinschaftscharta der sozialen Grundrechte der Arbeitnehmer« (1989) mit den teilweise weitergehenden Zielsetzungen der »Europäischen Sozialcharta« (1961) zu verschmelzen und diese zugleich den neuen Erkenntnissen anzupassen.

3. Ein Europa institutioneller Kompetenzen

(127) Zur Förderung und Absicherung der sozialen Rechte der Bürger in Europa bedarf es der Stärkung vorhandener und der Schaffung neuer Institutionen. In erster Linie kommt es darauf an, dem Europäischen Parlament die entscheidende Gesetzgebungs- und Kontrollkompetenz zu übertragen, durch die es die Gestaltungskraft für die zukünftige Ordnung in Europa gewinnt.

(128) Zusätzlich aber sind Institutionen nötig, um für die sozialrechtliche Sicherheit der Arbeitnehmer bzw. Bürger Sorge zu tragen. Vom Europäischen Parlament wurde z. B. die Einsetzung eines »Europäischen Rates für Arbeitspolitik« gefordert, der aus Vertretern der Gewerkschaften und Arbeitgeberverbände zusammengesetzt sein soll und die Aufgabe hat, Stellungnahmen abzugeben und europäische Tarifverträge abzuschließen. Des weiteren wurde vorgeschlagen, in den Grenzregionen »Sozialinformationsbüros« zu schaffen, um den zahlreichen Pendlern zwischen den Ländern die nötige Information und damit auch Sicherheit über ihre Rechte und Möglichkeiten zu verschaffen. In Erwägung gezogen wird auch die Einsetzung eines »Europäischen Arbeitsgerichts«.

4. Ein Europa sozialpartnerschaftlicher Beziehungen

(129) Der Gedanke der Sozialpartnerschaft gehört zu den tragenden und bewährten Elementen des sozial-rechtsstaatlichen Systems in Deutschland. Es ist empfehlenswert, Sozialpartnerschaft auch im europäischen Rahmen zu entwickeln und zu praktizieren. Die evangelische Kirche begrüßt die »Gemeinsame Erklärung des Vorsitzenden des DGB und des Präsidenten der BDA zur sozialen Dimension des Europäischen Binnenmarktes« vom 26. Juli 1989 und unterstützt die Bestrebung, gemeinsam für die Anerkennung der Koalitionsfreiheit, Tarifautonomie und Beteiligung der Arbeitnehmer in der Europäischen Gemeinschaft und an der sozialen Ausgestaltung der sozialen

Ordnung auf hohem Niveau einzutreten. Es muß sichergestellt werden, daß das Recht auf Unterrichtung, vorherige Anhörung und Mitwirkung der Arbeitnehmer und ihrer Vertreter in den Unternehmen ungeachtet der Unternehmensart – transnationale bzw. andere Unternehmen mit komplexer Struktur oder nationale Unternehmen – sowie die Bildung »europäischer Betriebsräte« gewährleistet wird. Deshalb sollen die grenzüberschreitenden Beziehungen zwischen den verantwortlichen Organisationen gefördert werden.

5. Ein Europa in subsidiärem Zusammenwirken

(130) Es ist Kennzeichen der sozialstaatlichen Ordnung in Deutschland, daß die Verwirklichung der sozialen Aufgaben im Zusammenwirken von Sozialpartnern, Ländern, Kommunen und freien Trägern, Kirchen und der großen Zahl der haupt- und ehrenamtlich arbeitenden Bürger geschieht. Die Kirchen setzen sich dafür ein, diesem verantwortlichen Zusammenwirken der Kräfte und freien Träger, der Verbände und Kirchen im sozialen Feld auch im weiteren Raum Europas Geltung zu verschaffen. Um dies zu erreichen, sind eine sehr viel bessere Kenntnis des informellen Sektors in den verschiedenen Mitgliedsländern und neue Formen grenzüberschreitender Kooperation erforderlich. Überall in Europa – nicht zuletzt in den osteuropäischen Nachbarländern – zeichnen sich gegenwärtig Tendenzen ab, neue Strukturen der Hilfe und der diakonischen bzw. karitativen Arbeit aufzubauen.

(131) In der Präambel der Gemeinschaftscharta wird ausdrücklich die Bedeutung des »Subsidiaritätsprinzips« hervorgehoben. Dies bezieht sich zunächst auf das Verhältnis zwischen Gemeinschaft und Mitgliedsstaaten. Allerdings bedarf das »Subsidiaritätsprinzip« einer genauen Bestimmung. Es dient in Deutschland vor allem der Erhaltung der Autonomie und Leistungsfähigkeit gesellschaftlicher, kommunaler, kirchlicher und anderer Gruppen und Institutionen. Die Durchsetzung des Grundsatzes der Mitgestaltung und Mitwirkung von eigenständigen Gruppen und Institutionen an der Willensbildung der

EG würde zur Schaffung einer partizipatorischen Entscheidungsweise in Europa beitragen, wobei dem Gedanken der Selbsthilfe und Hilfe zur Selbsthilfe im Bereich der sozialen Arbeit besondere Aufmerksamheit geschenkt werden sollte.

6. Ein Europa kooperierender Kirchen

(132) Europa ist gekennzeichnet nicht nur durch seine nationalen, sondern auch durch seine konfessionellen Traditionen. Die Schaffung einer europäischen Sozialkultur und einer »Zivilisation der Barmherzigkeit« kann nur gelingen im Zusammenwirken der Konfessionen und der Entwicklung neuer Kooperationsformen kirchlicher Dienste untereinander. Deshalb müssen der verbindliche Dialog über die sozialen Konsequenzen des christlichen Glaubens, bzw. über den Zusammenhang von Barmherzigkeit und Gerechtigkeit unter den Bedingungen unserer Wirklichkeit – mit der römisch-katholischen, den orthodoxen Kirchen, der anglikanischen Kirche sowie den Freikirchen – kontinuierlich geführt und gemeinsame Arbeitsvorhaben – insbesondere in sozialen Brennpunkten in Europa – entwickelt werden.
(133) Eine besondere Bedeutung kommt dabei der Tatsache zu, daß die osteuropäischen Kirchen nach vielen Jahren der staatlich verordneten Enthaltsamkeit nun rasch und wirkungsvoll ihre soziale Kompetenz zurückgewinnen müssen. Ihnen dabei behilflich zu sein, ist eine vornehmliche Aufgabe. Über Jahre, wenn nicht über Jahrzehnte hinweg hatten sich die Kirchen in Ost- und Westeuropa nicht auseinanderdividieren lassen. Sie haben Verbindungen offengehalten und Brücken gebaut, damit Europa nicht geteilt blieb. Die Geduld und das Ausharren haben durch die radikalen Wandlungen in den Staaten Osteuropas innerhalb der letzten Jahre bei allen Schwierigkeiten, mit denen diese Staaten gegenwärtig konfrontiert sind, eine überraschende und erfreuliche Erfüllung gefunden. Um das Erreichte einzulösen und zu einer Verbesserung der Lebensgrundlagen beizutragen, bedarf es der Bereitschaft zu einem umfassenden solidarischen Zusammenwirken in Europa, bei dem gerade auch die Kirchen ihre Verantwortung wahrnehmen müssen.

7. Ein Europa humaner Innovationen

(134) In diese konkrete Perspektive gehört auch die Aufgabe, »Modelle sozialer Hilfe« europaweit zu entwickeln und auszuwerten. Zu denken ist an neue Konzepte integrativer Behindertenarbeit, Seniorenarbeit oder der Rehabilitation von sozialen Marginalgruppen (Straffälligen, Suchtgefährdeten, Wohnungslosen). Zu begrüßen sind z. B. die Vorschläge für Aktionsprogramme der Gemeinschaft zugunsten von Behinderten (HELIOS). Dazu gehören auch europaweite rechnergestützte Informationssysteme für Behinderte (Handynet). Die Bildung von Gemeinschaftsnetzen von Zentren und die Verzahnung mit Verbandsnetzen lokaler Modellaktivitäten, die von der Kommission der Gemeinschaft gefördert wird, ist ein erster Schritt in die richtige Richtung, dem weitere folgen sollen. Die Kirchen können und sollen zum Motor dieser Tendenz zum gegenseitigen Austausch und zur Förderung humaner Innovationen in Europa werden.

8. Ein Europa der offenen Türen

(135) Das Problem der Migration, Wanderarbeitnehmer, der Flüchtlinge und Asylsuchenden wird sich in den kommenden Jahren nicht nur in Europa weiter zuspitzen. Auch hier geht es darum, den Prinzipien der Gastfreiheit und der Asylgewährung Geltung zu verschaffen und diskriminierenden Verfahrensweisen in Europa rechtzeitig entgegenzuwirken. Den Kirchen kommt hier eine hohe Verantwortung zu: sie können und dürfen dieses Thema nicht den Politikern, den Justiz- und Innenministern überlassen, sondern müssen zu einer einheitlichen Position gelangen und einen selbständigen Part in der Willensbildung übernehmen. Der »Schengener-Vertrag« von 1985, der konkrete Regelungen im Umgang mit Asylsuchenden für die Europäische Gemeinschaft entwickelt hat, und die »EG-Arbeitsgruppe zur Abwehr von Terrorismus, Radikalismus, Extremismus, Gewalt International (TREVI)«, die seit 1986 ihre Konsultationen geführt hat, haben die Kirchen in Zugzwang gebracht und nötigen sie zur Stel-

lungnahme und zum Handeln. Die Flüchtlingsthematik bedarf einer sozialethisch glaubwürdigen und differenzierten Perspektive und darf nicht den Geboten der Staats- oder Europaräson einfach subsumiert werden.

(136) Die evangelische Kirche sieht es deshalb als ihre Aufgabe an, die Bestrebungen der Konferenz Europäischer Kirchen (KEK) nachdrücklich zu fördern, um zu einer einheitlichen Haltung der Kirchen gegenüber dieser Herausforderung zu gelangen. Kirchliche Stellungnahmen zum Problem der Migranten und Flüchtlinge gewinnen an Glaubwürdigkeit, wenn sie mit einer offenen, gastfreundlichen Arbeit in den Gemeinden vor Ort verbunden sind. Dabei wird es nicht allein darum gehen, daß unsere Gemeinden für die Rechte der Migranten eintreten und die Option für die Armen aufrechterhalten. Wenn wir bei Besuchen und Begegnungen in den Kirchen anderer Länder beeindruckt und angerührt sind durch deren Gottesdienst und Gemeindeleben, dann fällt es uns meist sehr schwer, etwas davon in unsere eigenen Gemeinden mitzunehmen. Haben sich jedoch Menschen aus diesen Ländern in unserer Nachbarschaft niedergelassen, dann wandert oft langsam und unmerklich bei uns ein, was wir vordem aus der Ferne bewundert haben.

9. Ein Europa in der Verantwortung für die eine Welt

(137) Zum ersten Mal seit vielen Jahrzehnten ist es heute möglich geworden, über alle Grenzen der Staaten und Konfessionen in Europa hinweg, eine gemeinsame Willensbildung über die Stellung und den Auftrag Europas in der Welt herbeizuführen. Die reichen Länder Europas sind herausgefordert, auf eine sozial ausgewogene Entwicklung in den wirtschaftlich und sozial schwachen Regionen des Kontinents hinzuwirken. Ohne Opfer wird eine ausgewogene, menschenwürdige Sozialordnung Europas nicht gelingen.

(138) Zugleich aber sind die Länder und die Kirchen in Europa daraufhin zu befragen, welchen gemeinsamen Beitrag sie zur Entwicklung in der »Dritten Welt« leisten. Hohe Priorität kommt dabei den am

wenigsten entwickelten Ländern, deren Mehrzahl im afrikanischen Kontinent liegt, zu. Wie erneut der UN-Human-Development Report (1990) und der South Report (Challenge to the South 1990) deutlich gemacht haben, hat sich die wirtschaftliche und soziale Lage in immer mehr Ländern Schwarzafrikas im vergangenen Jahrzehnt erheblich verschlechtert. Als Nachbarkontinent zu Afrika ist Europa heute zu einer neuen und intensiven »Intercontinentalen Partnerschaft« zu Afrika in besonderem Maße aufgerufen. Über diese langfristige Aufgabe hinaus kommt es darauf an, eine den Herausforderungen der »Dritten Welt« angemessene und in Europa abgestimmte Strategie wirksamer Entwicklungspolitik zu erarbeiten. Dazu gehört allerdings auch, daß Eigenanstrengungen der Entwicklungsländer zur Überwindung ihrer Armuts- und Schuldenprobleme nicht durch die Abschottung des europäischen Binnenmarktes untergraben werden. Vielmehr sollte z. B. durch günstige Bedingungen für den Export von Rohstoffen die Wirtschaft der Entwicklungsländer gefördert werden. Im 4. Abkommen von Lomé (1989) hat die EG ihre Entwicklungszusammenarbeit mit den sogenannten AKP – Staaten (Afrikas, der Karibik und des Pazifik) auf eine neue rechtliche Grundlage gestellt. Die »Bemühungen um die Schaffung eines Modells für die Beziehungen zwischen entwickelten Staaten und Entwicklungsländern im Hinblick auf eine gerechtere und ausgewogenere Weltwirtschaftsordnung« (Art. 1 Lomé IV) sind zu begrüßen und weiter auszubauen.
(139) »We are called to be Neighbours« (»Wir sind dazu berufen, einander Nächste zu sein«), dieser Leitgedanke der Weltkonferenz »Diakonia 2000« 1989 in Larnaca, soll von den Kirchen in Europa wörtlich genommen werden und zu einer Neubesinnung auf den »intercontinentalen diakonischen Auftrag« der Kirchen gegenüber der einen Welt führen.

10. Ein Europa im Zeichen der Versöhnung

(140) Die Ausblicke auf ein solidarisches Europa zeigen, daß noch eine große und sicher auch mühevolle Wegstrecke zu durchschreiten ist. Niemand rechnet mit einer gradlinigen Entwicklung, vielmehr

lauern überall Gefahren: der Bürgerkriege, der wirtschaftlichen Zusammenbrüche und der massenhaften Not. Es ist Kennzeichen der christlichen Hoffnung, daß sie weder in blinden Optimismus noch resignierenden Pessimismus verfällt, sondern sich an den Zeichen orientiert, die durch Gottes universalen Versöhnungsdienst in der Welt gesetzt sind. Deshalb sind Christen, die christlichen Gemeinden und Kirchen aufgerufen, sich in den Dienst der Versöhnung zu stellen. Die Zukunft in Europa wird nicht zuletzt davon mitbestimmt sein, wie glaubwürdig die Christenheit ihrem eigenen Auftrag entspricht.

Mitglieder der Kammer der EKD für soziale Ordnung

Prof. Dr. Dr. Theodor Strohm, Heidelberg *(Vorsitzender)*
Präsident Otto Fichtner, Kassel / Cottbus *(stellvertr. Vorsitzender)*
Prof. Dr. Günter Brakelmann, Bochum
Dr. Herta Däubler-Gmelin (MdB), Bonn
Dr. Ursula Engelen-Kefer, Düsseldorf
Dipl.-Volksw. Barbara Faccani, Berlin
Dr. Gerd Federlin, München
Dipl.-Volksw. Ulf Fink, Berlin / Düsseldorf
Oberkirchenrat Dr. Joachim Gaertner, Bonn
Staatssekretärin i. R. Dr. Maria Herr-Beck, Mainz
Dr. Fritz Heinz Himmelreich, Köln
Landwirt Karl Otto Hoffmeister, Kneitlingen
Prof. Dr. med. Wolfgang Huber, Heidelberg
Ministerialdirigent Dr. Ernst Kreuzaler, Bonn
Zweiter Bmst. Prof. Dr. Hans Jürgen Krupp, Hamburg
Dr. Heyko Linnemann, Hannover
Prof. Dr. Rainer Mackensen, Berlin
Prof. Dr. Heinz Markmann, Heidelberg
Präsident Dr. Karl-Heinz Neukamm, Stuttgart
Oberkirchenrat Herbert Rösener, Bielefeld
Prof. Dr. Lutz von Rosenstiel, München
Prof. Dr. Hans Ruh, Zürich
Staatssekretär Dr. Werner Tegtmeier, Bonn
Günter Volkmar, Düsseldorf
Pfarrer Eduard Wörmann, Schwerte
Oberkirchenrat Tilman Winkler, Hannover *(Geschäftsführung)*

Anhang

I. Gemeinschaftscharta der sozialen Grundrechte der Arbeitnehmer (9. 12. 1989)

II. »Das Europa der Solidarität«. Auszug aus dem »Dokument der Kommission der Europäischen Gemeinschaften«: »Ein europäischer Sozialraum für 1992« von Patrick Venturini (»Venturini-Bericht«), 1989

III. Rat der EKD: Erklärung zu den Wahlen zum Europäischen Parlament (21. 10. 1978)

IV. Ökumenische Versammlung »Frieden in Gerechtigkeit«: »Auf dem Weg zum Europa von Morgen«. Auszügen aus dem »Schlußdokument von Basel« (Mai 1989)

V. Ausgewählte Schaubilder

I. Gemeinschaftscharta der sozialen Grundrechte der Arbeitnehmer (9.12.1989)

Die Staats- und Regierungschefs von elf Mitgliedsstaaten der EG (also bisher ohne Großbritannien) haben im Dezember 1989 die im folgenden dokumentierte EG-Gemeinschaftscharta angenommen. Sie ist als politisches Signal an die Arbeitnehmer in Europa gedacht, durch das der Weg zu konkreten rechtsverbindlichen Mindeststandards in der Gemeinschaft geebnet werden soll.
Diesem Ziel dient das »Aktionsprogramm der EG-Kommission zur Anwendung der Gemeinschaftscharta«, das Ende November 1989 vorgelegt und das in dreizehn zentralen Bereichen bisherige Initiativen in der Sozialpolitik bilanziert und neue Schritte ankündigt. Die Kommission beabsichtigt, dem Ministerrat bis Ende 1991 alle zum Aktionsprogramm gehörenden Vorschläge zuzuleiten.
Das Europäische Parlament hat darüber hinaus am 4.10.1990 eine »Entschließung zu dem Aktionsprogramm der Kommission zur Anwendung der Gemeinschaftscharta der sozialen Grundrechte der Arbeitnehmer – Prioritäten für die Jahre 1991/1992« veröffentlicht. Hier zeichnet sich erstmalig eine sozialpolitische Strategie für das größere Europa ab, in der die in der »Europäischen Sozialcharta des Europarates« (1961) umschriebenen sozialen Grundrechte zugrundegelegt und durch detaillierte Vorschläge bzw. Forderungen konkretisiert werden.
Text der Gemeinschaftscharta (entnommen aus: Leben und Arbeiten in Europa, 2. Bd., (Hg.) Der Bundesminister für Arbeit und Sozialordnung, Bonn 1990, S. 4–7.):

Gemeinschaftscharta der sozialen Grundrechte der Arbeitnehmer

DIE STAATS- UND REGIERUNGSCHEFS DER MITGLIEDSTAATEN DER EUROPÄISCHEN GEMEINSCHAFT HABEN AUF IHRER TAGUNG AM 9. DEZEMBER 1989 IN STRASSBURG – IN ERWÄGUNG NACHSTEHENDER GRÜNDE:

Die Mitgliedstaaten sind sich nach Artikel 117 des EWG-Vertrags über die Notwendigkeit einig, auf eine Verbesserung der Lebens- und Arbeitsbedingungen der Arbeitnehmer hinzuwirken und dadurch auf dem Wege des Fortschritts ihre Angleichung zu ermöglichen.

Der Europäische Rat in Madrid hat auf der Grundlage der Ergebnisse seiner Tagungen in Hannover und Rhodos die Ansicht vertreten, daß den sozialen Fragen im Zuge der Schaffung des europäischen Binnenmarkts die gleiche Bedeutung wie den wirtschaftlichen Fragen beizumessen ist und sie daher in ausgewogener Weise weiterzuentwickeln sind.

Das Europäische Parlament hat dazu am 15. März 1989 und am 14. September 1989 Entschließungen verabschiedet, und der Wirtschafts- und Sozialausschuß hat am 22. Februar 1989 eine entsprechende Stellungnahme abgegeben.

Die Verwirklichung des Binnenmarkts ist das wirksamste Mittel zur Schaffung von Arbeitsplätzen und zur Gewährleistung eines Höchstmaßes an Wohlstand in der Gemeinschaft; bei der Verwirklichung des Binnenmarkts ist der Förderung und Schaffung neuer Arbeitsplätze erste Priorität einzuräumen; die Gemeinschaft hat sich den Herausforderungen der Zukunft hinsichtlich der wirtschaftlichen Wettbewerbsfähigkeit insbesondere unter Berücksichtigung der regionalen Ungleichgewichte zu stellen.

Der soziale Konsens trägt zur Stärkung der Wettbewerbsfähigkeit der Unternehmen und der gesamten Wirtschaft sowie zur Schaffung von Arbeitsplätzen bei; daher ist er eine wesentliche Voraussetzung für eine kräftige Wirtschaftsentwicklung.

Die Verwirklichung des Binnenmarkts soll die Angleichung der Lebens- und Arbeitsbedingungen auf dem Wege des Fortschritts fördern und den wirtschaftlichen und sozialen Zusammenhalt der Europäischen Gemeinschaft begünstigen, wobei Wettbewerbsverzerrungen zu vermeiden sind.

Die Verwirklichung des Binnenmarkts soll allen Arbeitnehmern der Europäischen Gemeinschaft Verbesserungen im sozialen Bereich vornehmlich hinsichtlich der Freizügigkeit, der Lebens- und Arbeitsbedingungen, des Gesundheitsschutzes und der Sicherheit in der Arbeitsumwelt, des sozialen Schutzes sowie der allgemeinen und beruflichen Bildung bringen.

Zur Wahrung der Gleichbehandlung ist gegen Diskriminierungen jeglicher Art, insbesondere aufgrund von Geschlecht, Hautfarbe, Rasse, Meinung oder Glauben, vorzugehen; die soziale Ausgrenzung ist im Geiste der Solidarität zu bekämpfen.

Es ist Sache der Mitgliedstaaten zu gewährleisten, daß Arbeitnehmern aus Drittländern und ihren Familienangehörigen, die sich rechtmäßig in einem Mitgliedstaat der Europäischen Gemeinschaft aufhalten, im Hinblick auf ihre Lebens- und Arbeitsbedingungen eine Behandlung zuteil wird, die derjenigen

vergleichbar ist, welche die Arbeitnehmer des betreffenden Mitgliedstaats genießen.
Es erscheint geboten, sich von den Übereinkommen der Internationalen Arbeitsorganisaiton und der Europäischen Sozialcharta des Europarates leiten zu lassen.
Der Vertrag in seiner durch die Einheitliche Europäische Akte geänderten Fassung enthält Bestimmungen, die eine Zuständigkeit der Gemeinschaft insbesondere für die Freizügigkeit der Arbeitnehmer (Artikel 7 und 48 bis 51), die Niederlassungsfreiheit (Artikel 52 bis 58), soziale Fragen unter den in den Artikeln 117 bis 122 vorgesehenen Bedingungen – vor allem Verbesserung der Sicherheit und des Gesundheitsschutzes in der Arbeitsumwelt (Artikel 118a), (Artikel 118b), gleiches Entgelt für Männer und Frauen bei gleicher Arbeit (Artikel 119) –, die allgemeinen Grundsätze für die Durchführung einer gemeinsamen Berufsbildungspolitik (Artikel 128), den wirtschaftlichen und sozialen Zusammenhalt (Artikel 130a bis 130e) und generell die Angleichung der Rechtsvorschriften (Artikel 100, 100a und 235) begründen. Die Durchführung der Charta darf nicht zu einer Ausweitung der im Vertrag festgelegten Befugnisse der Gemeinschaft führen.
Diese Charta soll zum einen die Fortschritte festschreiben, die im sozialen Bereich durch das Vorgehen der Mitgliedstaaten, der Sozialpartner und der Gemeinschaft bereits erzielt wurden.
Mit ihr soll zum anderen feierlich bekräftigt werden, daß bei der Durchführung der Einheitlichen Akte die soziale Dimension der Gemeinschaft vollauf berücksichtigt ist und die sozialen Rechte der Erwerbstätigen in der Europäischen Gemeinschaft, insbesondere der Arbeitnehmer und der Selbständigen, daher auf den geeigneten Ebenen weiterzuentwickeln sind.
Gemäß den Schlußfolgerungen der Tagung des Europäischen Rates in Madrid muß die Rolle, die die Gemeinschaftsnormen sowie die einzelstaatlichen Rechtsvorschriften und die vertraglichen Beziehungen zu spielen haben, eindeutig festgelegt werden.
Aufgrund des Subsidiaritätsprinzips sind für die Schritte zur Verwirklichung dieser sozialen Rechte die Mitgliedstaaten und ihre Gebietskörperschaften und im Rahmen ihrer Befugnisse die Europäische Gemeinschaft zuständig. Diese Umsetzung kann durch Gesetze oder Tarifverträge erfolgen oder sich nach den Gepflogenheiten auf den verschiedenen Ebenen richten; sie erfordert in zahlreichen Bereichen die aktive Beteiligung der Sozialpartner.
Die feierliche Verkündung der sozialen Grundrechte in der Europäischen Gemeinschaft darf bei ihrer Verwirklichung keinen Rückschritt in den Mitgliedstaaten gegenüber der derzeitigen Lage bewirken –

DIE FOLGENDE ERKLÄRUNG ANGENOMMEN, DIE DIE »GEMEINSCHAFTSCHARTA DER SOZIALEN GRUNDRECHTE DER ARBEITNEHMER« DARSTELLT:

Titel 1
Soziale Grundrechte der Arbeitnehmer

Freizügigkeit

1. Jeder Arbeitnehmer der Europäischen Gemeinschaft hat vorbehaltlich der aus Gründen der öffentlichen Ordnung, Sicherheit und Gesundheit gerechtfertigten Beschränkungen das Recht auf Freizügigkeit im gesamten Gebiet der Gemeinschaft.
2. Das Recht auf Freizügigkeit ermöglicht jedem Arbeitnehmer die Ausübung jedes Berufs oder jeder Beschäftigung in der Gemeinschaft, wobei hinsichtlich des Zugangs zur Beschäftigung, der Arbeitsbedingungen und des sozialen Schutzes des Aufnahmelandes der Grundsatz der Gleichbehandlung gilt.
3. Das Recht auf Freizügigkeit umfaßt ferner
   - die Harmonisierung der Aufenthaltsbedingungen in allen Mitgliedstaaten, insbesondere für die Familienzusammenführung;
   - die Beseitigung von Hindernissen, die sich aus der Nichtanerkennung von Diplomen oder gleichwertigen beruflichen Befähigungsnachweisen ergeben;
   - Die Verbesserung der Lebens- und Arbeitsbedingungen der Grenzgänger.

Beschäftigung und Arbeitsentgelt

4. Jeder hat das Recht auf freie Wahl und Ausübung eines Berufs nach den für den jeweiligen Beruf geltenden Vorschriften.
5. Für jede Beschäftigung ist ein gerechtes Entgelt zu zahlen.
   Zu diesem Zweck empfiehlt es sich, daß entsprechend den Gegebenheiten eines jeden Landes
   - den Arbeitnehmern ein gerechtes Arbeitsentgelt garantiert wird, das heißt, ein Arbeitsentgelt, das ausreicht, um ihnen einen angemessenen Lebensstandard zu erlauben;
   - die Arbeitnehmer mit einer anderen Arbeitsregelung als dem unbefristeten Vollzeitvertrag ein gerechtes Bezugsentgelt erhalten;

- das Entgelt nur gemäß den einzelstaatlichen Vorschriften einbehalten, gepfändet oder abgetreten werden darf; nach diesen Vorschriften sollten dem Arbeitnehmer die erforderlichen Mittel belassen werden, damit er seinen eigenen Lebensunterhalt und den seiner Familie bestreiten kann.

6. Jeder muß die Dienste der Arbeitsämter unentgeltlich in Anspruch nehmen können.

Verbesserung der Lebens- und Arbeitsbedingungen

7. Die Verwirklichung des Binnenmarktes muß zu einer Verbesserung der Lebens- und Arbeitsbedingungen der Arbeitnehmer in der Europäischen Gemeinschaft führen. Dieser Prozeß erfolgt durch eine Angleichung dieser Bedingungen auf dem Wege des Fortschritts und betrifft namentlich die Arbeitszeit und die Arbeitszeitgestaltung sowie andere Arbeitsformen als das unbefristete Arbeitsverhältnis, wie das befristete Arbeitsverhältnis, Teilzeitarbeit, Leiharbeit und Saisonarbeit.
   Diese Verbesserung muß, soweit nötig, dazu führen, daß bestimmte Bereiche des Arbeitsrechts wie die Verfahren bei Massenentlassungen oder bei Konkursen ausgestaltet werden.
8. Jeder Arbeitnehmer der Europäischen Gemeinschaft hat Anspruch auf die wöchentliche Ruhezeit und auf einen bezahlten Jahresurlaub, deren Dauer gemäß den einzelstaatlichen Gepflogenheiten auf dem Wege des Fortschritts in den einzelnen Staaten einander anzunähern ist.
9. Die Arbeitsbedingungen eines jeden abhängig Beschäftigten der Europäischen Gemeinschaft müssen entsprechend den Gegebenheiten der einzelnen Länder durch das Gesetz, durch einen Tarifvertrag oder in einem Beschäftigungsvertrag geregelt sein.

Sozialer Schutz

Entsprechend den Gegebenheiten der einzelnen Länder

10. - hat jeder Arbeitnehmer der Europäischen Gemeinschaft Anspruch auf einen angemessenen sozialen Schutz und muß unabhängig von seiner Stellung und von der Größe des Unternehmens, in dem er arbeitet, Leistungen der sozialen Sicherheit in ausreichender Höhe erhalten;
    - müssen alle, die vom Arbeitsmarkt ausgeschlossen sind, weil sie keinen Zugang dazu fanden oder sich nicht wieder eingliedern konnten, und die nicht über Mittel für ihren Unterhalt verfügen, ausreichende Leistungen empfangen und Zuwendungen beziehen können, die ihrer persönlichen Lage angemessen sind.

Koalitionsfreiheit und Tarifverhandlungen

11. Die Arbeitgeber und Arbeitnehmer in der Europäischen Gemeinschaft haben das Recht, sich zur Bildung beruflicher oder gewerkschaftlicher Vereinigungen ihrer Wahl frei zusammenzuschließen, um ihre wirtschaftlichen und sozialen Interessen zu vertreten.
    Jedem Arbeitgeber und jedem Arbeitnehmer steht es frei, diesen Organisationen beizutreten oder nicht, ohne daß ihm daraus ein persönlicher oder beruflicher Nachteil erwachsen darf.
12. Die Arbeitgeber und Arbeitgebervereinigungen einerseits und die Arbeitnehmervereinigungen andererseits haben das Recht, unter den Bedingungen der einzelstaatlichen Rechtsvorschriften und Gepflogenheiten Tarifverträge auszuhandeln und zu schließen.
    Der auszubauende europaweite Dialog zwischen den Sozialpartnern kann, falls sie dies als wünschenswert ansehen, zu Vertragsverhältnissen namentlich auf branchenübergreifender und sektorieller Ebene führen.
13. Das Recht, bei Interessenkonflikten Kollektivmaßnahmen zu ergreifen, schließt vorbehaltlich der Verpflichtungen aufgrund der einzelstaatlichen Regelungen und der Tarifverträge das Streikrecht ein.
    Um die Beibehaltung von Arbeitsstreitigkeiten zu erleichtern, ist in Übereinstimmung mit den einzelstaatlichen Gepflogenheiten die Einführung und Anwendung von Vermittlungs-, Schlichtungs- und Schiedsverfahren auf geeigneter Ebene zu erleichtern.
14. Die Rechtsordnung der Mitgliedstaaten bestimmt, unter welchen Bedingungen und inwieweit die Rechte gemäß Artikel 11 bis 13 für die Streitkräfte, die Polizei und den öffentlichen Dienst gelten.

Berufsausbildung

15. Jeder Arbeitnehmer in der Europäischen Gemeinschaft muß Zugang zur Berufsausbildung haben und ihn während seines gesamten Erwerbslebens behalten. Die Bedingungen für den Zugang zur Berufsausbildung dürfen nicht aufgrund der Staatsangehörigkeit diskriminieren.
    Die zuständigen öffentlichen Gebietskörperschaften, die Unternehmen oder die Sozialpartner müßten in ihrem jeweiligen Zuständigkeitsbereich die Voraussetzungen für eine Fort- und Weiterbildung schaffen, die es jedem ermöglichen, sich insbesondere durch einen Bildungsurlaub umzuschulen, sich weiterzubilden und vor allem im Zuge der technischen Entwicklungen neue Kenntnisse zu erwerben.

Gleichbehandlung von Männern und Frauen

16. Die Gleichbehandlung von Männern und Frauen ist zu gewährleisten. Die Chancengleichheit für Männer und Frauen ist weiter auszubauen. Zu diesem Zweck sind überall dort, wo dies erforderlich ist, die Maßnahmen zu verstärken, mit denen die Verwirklichung der Gleichheit von Männern und Frauen vor allem im Hinblick auf den Zugang zu Beschäftigung, Arbeitsentgelt, Arbeitsbedingungen, sozialem Schutz, allgemeiner und beruflicher Bildung sowie beruflichem Aufstieg sichergestellt wird. Auch sind die Maßnahmen auszubauen, die es Männern und Frauen ermöglichen, ihre beruflichen und familiären Pflichten besser miteinander in Einklang zu bringen.

Unterrichtung; Anhörung und Mitwirkung der Arbeitnehmer

17. Unterrichtung, Anhörung und Mitwirkung der Arbeitnehmer müssen in geeigneter Weise unter Berücksichtigung der in den verschiedenen Mitgliedsstaaten herrschenden Gepflogenheiten weiterentwickelt werden. Dies gilt insbesondere für Unternehmen und Unternehmenszusammenschlüsse mit Betriebsstätten bzw. Unternehmen in mehreren Mitgliedstaaten der Europäischen Gemeinschaft.
18. Unterrichtung, Anhörung und Mitwirkung sind rechtzeitig vor allem in folgenden Fällen vorzusehen:
    - bei der Einführung technologischer Veränderungen in den Unternehmen, wenn diese die Arbeitsbedingungen und die Arbeitsorganisation der Arbeitnehmer einschneidend verändern;
    - bei der Umstrukturierung oder Verschmelzung von Unternehmen, wenn dadurch die Beschäftigung der Arbeitnehmer berührt wird;
    - bei Massenentlassungen;
    - im Falle von Arbeitnehmern, insbesondere Grenzgängern, die von den Beschäftigungsmaßnahmen des sie beschäftigenden Unternehmens betroffen sind.

Gesundheitsschutz und Sicherheit in der Arbeitsumwelt

19. Jeder Arbeitnehmer muß in seiner Arbeitsumwelt zufriedenstellende Bedingungen für Gesundheitsschutz und Sicherheit vorfinden. Es sind geeignete Maßnahmen zu ergreifen, um die Harmonisierung der auf diesem Gebiet bestehenden Bedingungen auf dem Wege des Fortschritts weiterzuführen.

Bei diesen Maßnahmen wird namentlich die Notwendigkeit einer Ausbildung, Unterrichtung, Anhörung und ausgewogenen Mitwirkung der Arbeitnehmer hinsichtlich der Risiken, denen sie unterliegen, und der Maßnahmen, die zur Beseitigung oder Verringerung dieser Risiken getroffen werden, berücksichtigt.
Die Vorschriften über die Verwirklichung des Binnenmarkts haben zu diesem Schutz beizutragen.

Kinder- und Jugendschutz

20. Unbeschadet günstigerer Vorschriften für Jugendliche, vor allem solcher Vorschriften, die ihre berufliche Eingliederung durch Berufsausbildung gewährleisten, und abgesehen von auf bestimmte leichte Arbeiten beschränkten Ausnahmen darf das Mindestalter für den Eintritt in das Arbeitsleben das Alter, in dem die Schulpflicht erlischt, nicht unterschreiten und in keinem Fall unter 15 Jahren liegen.
21. Jeder Jugendliche, der eine Beschäftigung ausübt, muß ein angemessenes Arbeitsentgelt gemäß den einzelstaatlichen Gepflogenheiten erhalten.
22. Es sind die notwendigen Maßnahmen zu ergreifen, um die arbeitsrechtlichen Vorschriften für junge Arbeitnehmer so umzugestalten, daß sie den Erfordernissen ihrer persönlichen Entwicklung und ihrem Bedarf an beruflicher Bildung und an Zugang zur Beschäftigung entsprechen.
    Namentlich die Arbeitszeit der Arbeitnehmer unter achtzehn Jahren ist zu begrenzen – ohne daß dieses Gebot durch den Rückgriff auf Überstunden umgangen werden kann – und die Nachtarbeit zu untersagen, wobei für bestimmte, durch die einzelstaatlichen Rechtsvorschriften und Regelungen festgelegte berufliche Tätigkeiten Ausnahmen gelten können.
23. Jugendliche müssen nach Ablauf der Schulpflicht die Möglichkeit haben, eine hinreichend lange berufliche Grundausbildung zu erhalten, um sich den Erfordernissen ihres künftigen Erwerbslebens anpassen zu können; für die jungen Arbeitnehmer müßte diese Ausbildung während der Arbeitszeit stattfinden.

Ältere Menschen

Entsprechend den jeweiligen Gegebenheiten der einzelnen Länder

24. muß jeder Arbeitnehmer in der Europäischen Gemeinschaft, wenn er in den Ruhestand geht, über Mittel verfügen können, die ihm einen angemessenen Lebensstandard sichern;
25. muß jeder, der das Rentenalter erreicht hat, aber keinen Rentenanspruch besitzt oder über keine sonstigen ausreichenden Unterhaltsmittel ver-

fügt, ausreichende Zuwendungen, Sozialhilfeleistungen und Sachleistungen bei Krankheit erhalten können, die seinen spezifischen Bedürfnissen angemessen sind.

Behinderte

26. Alle Behinderten müssen unabhängig von der Ursache und Art ihrer Behinderung konkrete ergänzende Maßnahmen, die ihre berufliche und soziale Eingliederung fördern, in Anspruch nehmen können.
Diese Maßnahmen zur Verbesserung der Lebensbedingungen müssen sich je nach den Fähigkeiten der Betreffenden auf berufliche Bildung, Ergonomie, Zugänglichkeit, Mobilität, Verkehrsmittel und Wohnung erstrecken.

Titel II
Anwendung der Charta

27. Für die Gewährleistung der sozialen Grundrechte dieser Charta und die Durchführung der für den reibungslosen Ablauf des Binnenmarktgeschehens notwendigen Sozialmaßnahmen im Rahmen einer Strategie für den wirtschaftlichen und sozialen Zusammenhalt sind die Mitgliedstaaten entsprechend den einzelstaatlichen Gepflogenheiten, insbesondere von Rechtsvorschriften und Tarifverträgen, zuständig.
28. Der Europäische Rat fordert die Kommission auf, so rasch wie möglich die unter ihre Zuständigkeit im Sinne der Verträge fallenden Vorschläge für Rechtsakte vorzulegen, mit denen die in den Zuständigkeitsbereich der Gemeinschaft gehörenden Rechte im Zuge der Verwirklichung des Binnenmarkts effektiv umgesetzt werden.
29. Die Kommission erstellt im letzten Quartal eines jeden Jahres einen Bericht über die Durchführung der Charta seitens der Mitgliedstaaten und der Europäischen Gemeinschaft.
30. Der Bericht der Kommission wird dem Europäischen Rat, dem Europäischen Parlament und dem Wirtschafts- und Sozialausschuß zugeleitet.

II. »Das Europa der Solidarität«. Auszüge aus dem »Venturini-Bericht« (1989)

Der folgende Auszug aus dem »Dokument der Europäischen Gemeinschaften«, dem von Patrick Venturini verfaßten Bericht »Ein Europäischer Sozialraum für 1992«, zeigt einige Perspektiven und konkrete Programme der Organe der EG »für das Abstecken des europäischen Sozialraums« auf. Damit sollen die im Binnenmarkt-Weißbuch vom 14. Juni 1985 und die in der »Einheitlichen Europäischen Akte« (am 1. Juli 1987 in Kraft getreten) getroffenen Vereinbarungen über die nächsten Arbeitsschritte hinsichtlich der sozialen Dimension des EG-Binnenmarktes konkretisiert werden. Der Erfolg dieser Modellinitiativen hängt davon ab, inwieweit einer noch weithin von Brüssel gelenkten direktorialen Sozialpolitik breite regionale und lokale Initiativen komplementär zuwachsen. Ohne eine Kompetenzerweiterung des Europäischen Parlaments wird den Perspektiven und Programmen kaum eine Breitenwirkung beschieden sein.
Auszug aus dem »Venturini-Bericht« (S. 43–51):

Das Europa der Solidarität

Das Weißbuch, ein Programm mit festem Zeitplan und gewissermaßen ein Kalender für die Verwirklichung des Binnenmarktes, ist das erste Fundament der Kommissionsstrategie. Die Einheitliche Europäische Akte ist das zweite Fundament. Sie bietet Perspektiven und konkrete Möglichkeiten für das Abstecken des europäischen Sozialraums.

Die Logik der Einheitlichen Akte: Ein ausgewogener Aufbau eines Europa ohne Grenzen

Im Dienste der Stärkung des wirtschaftlichen und sozialen Zusammenhalts der Gemeinschaft stehen vor allem die drei Strukturfonds (EAGFL-Ausrichtung: Europäischer Ausrichtungs- und Garantiefonds für die Landwirtschaft, Abteilung Ausrichtung; ESF: Europäischer Sozialfonds; EFRE: Europäischer Fonds für regionale Entwicklung), aber auch die Europäische Investitionsbank (EIB) und die anderen Finanzinstrumente der Gemeinschaft. Rechtliche Grundlage bilden die Artikel 130a bis e der Einheitlichen Akte.
Verweilen wir einen Augenblick bei den regionalen Aspekten des gemeinsamen Binnenmarktes.

Zunächst müssen wir uns vergegenwärtigen, daß sich sowohl durch die Mitte der siebziger Jahre einsetzende Arbeitsmarktkrise als auch durch die Tatsache, daß sich die Zahl der Mitgliedstaaten seit 1973 verdoppelt hat, das an sich schon starke regionale Gefälle weiter vergrößert und somit eine in den fünfziger und sechziger Jahren eingeleitete Entwicklung umgekehrt hat.
Die wirtschaftliche Integration wird in den kommenden Jahren der Gemeinschaft als Ganzem einen Wachstumszuwachs bescheren; weit weniger sicher aber ist, ob die Gewinne aus diesem Wachstum auch gerecht verteilt sein werden: Zu Recht kann heute gesagt werden, daß ohne den Willen zu einer solidarischen Entwicklung der Regionen die große Gefahr besteht, daß einige von ihnen, zumindest im Verhältnis zu anderen, auf der Verliererseite stehen werden und daß nachträglich festgestellt werden muß, daß die Gewinne ungleich verteilt sind. Der Bericht der sogenantnen Padoa-Schioppa-Gruppe (»Effizienz, Stabilität und Verteilungsgerechtigkeit«, 1987) spricht eine beredte Sprache: »Wie die Wirtschaftsgeschichte und die Wirtschaftstheorie lehrt, ist es äußerst zweifelhaft, ob sich in einem Umfeld zunehmender Öffnung der Märkte Ideen von einer ›unsichtbaren Hand‹ ohne weiteres auf die regionalwirtschaftliche Realität extrapolieren lassen.«

Die reformierten Strukturfonds als Instrumente des wirtschaftlichen und sozialen Zusammenhalts

Auf der Tagung des Europäischen Rates vom 11. bis 13. Februar 1988 wurde das Grundkonzept der Kommission bestätigt, wie es in deren Dokument »Die Einheitliche Akte muß ein Erfolg werden – eine neue Perspektive für Europa« dargelegt ist. Danach wurde eine »Rahmenverordnung für die Interventionen der Strukturfonds« mit folgenden großen Linien erarbeitet und im Juni 1988 verabschiedet:

Fünf Ziele

Nr. 1: Wachstum und Anpassung der strukturell rückständigen Regionalwirtschaften
Nr. 2: Umstellung der im Niedergang befindlichen Industrieregionen
Nr. 3: Bekämpfung der Langzeitarbeitslosigkeit
Nr. 4: Erleichterung der beruflichen Eingliederung der Jugendlichen
Nr. 5: Im Zuge der Reform der Gemeinsamen Agrarpolitik beschleu-

nigte Anpassung der landwirtschaftlichen Produktionsstrukturen (5a) und Förderung der Entwicklung des ländlichen Raums (5b).

Drei Fonds

- Der EFRE wird insbesondere fördern:
  - Produktivinvestitionen;
  - die Schaffung oder Modernisierung von Infrastrukturen, die für die Entwicklung oder Umstellung der Regionen, Grenzregionen oder Teilregionen (einschließlich industrieller Ballungsgebiete und Stadtgemeinschaften) wichtig sind;
  - Maßnahmen zur Entwicklung des endogenen Potentials der Regionen, Grenzregionen oder Teilregionen (einschließlich industrieller Ballungsgebiete und Stadtgemeinschaften);
  - Studien oder Pilotversuche auf dem Gebiet der Raumordnung, insbesondere in den Grenzgebieten.
- Der ESF wird Maßnahmen fördern, die folgenden Zielen dienen:
  - berufliche Eingliederung der Jugendlichen und Bekämpfung der Langzeitarbeitslosigkeit;
  - Vermittlung beruflicher Qualifikationen, die die Stabilität der Beschäftigung fördern;
  - Erschließung neuer Beschäftigungsmöglichkeiten.
- Der EAGFL-Ausrichtung wird vor allem zur Aufgabe haben:
  - Stärkung und Reorganisation der landwirtschaftlichen Strukturen;
  - berufliche Umstellung der Landwirte in den ländlichen Gebieten;
  - Sicherung eines angemessenen Lebensstandards für die Landwirte;
  - Ausbau der sozialen Infrastruktur in den ländlichen Gebieten, Schutz der Umwelt und Erhaltung des ländlichen Raums.

Eine Methode

- Gegenseitige Ergänzung der Partnerschaft: Die Aktion der Gemeinschaft ist als Ergänzung zu den nationalen Maßnahmen gedacht. Sie wird im Rahmen einer engen Zusammenarbeit zwischen der Kommission, dem betreffenden Mitgliedstaat und den auf regionaler oder örtlicher Ebene zuständigen Behörden verwirklicht,

wobei jede Partei als Partner, der ein gemeinsames Ziel verfolgt, handelt. Diese Partnerschaft bezieht sich auf die Vorbereitung, Finanzierung, Kontrolle und Bewertung der Aktionen.
- Die Kommission beurteilt die von einem Mitgliedstaat unterbreiteten Aktionsvorschläge nach deren Übereinstimmung mit dem verfolgten Ziel und legt in Absprache mit dem Mitgliedstaat den gemeinschaftlichen Förderungsrahmen fest.
- Konzentration: Bei der Vergabe der Haushaltsmittel sollen in erster Linie die im Rahmen des Ziels Nr. 1 erfaßten Regionen mit Entwicklungsrückstand berücksichtigt werden.

Die Mittel

Die allen drei Fonds zur Verfügung stehenden Mittel sollen zwischen 1987 und 1993 real verdoppelt und damit auf knapp 14 Milliarden ECU aufgestockt werden.

Die Herausforderung, der verschiedene Regionen der Gemeinschaft gegenüberstehen, ist in der Tat beträchtlich. Für die Regionen mit Entwicklungsrückstand stellt sich auf industriellem Gebiet sogar eine doppelte Herausforderung: Sie müssen in wenigen Jahren auf das Leistungsniveau des europäischen Durchschnitts gebracht werden, und dies zu einem Zeitpunkt, wo der europäische Qualitäts- und Produktivitätsstandard in den Zweigen der traditionellen, arbeitsintensiven Industrien rasch nach oben klettert. Sicherlich wird es notwendig sein, in den Ländern, in denen diese Regionen vorherrschen, nebeneinander eine aktivere Regionalpolitik und eine nationale Industriestrategie zu führen.
An zweiter Stelle deutet vieles darauf hin, daß die Regionen im industriellen Schrumpfungsprozeß mit kumulativen Handicaps zu kämpfen haben werden, weil entweder die Infrastruktur des tertiären Sektors nicht für die neuen Möglichkeiten gerüstet ist oder weil die Liberalisierung des öffentlichen Vergabewesens sich zu ihrem Nachteil auswirkt.
Vor diesem Hintergrund wird deutlich, wie wichtig eine Regionalpolitik der Gemeinschaft ist, die lokale Initiativen unterstützt und das doppelte Ziel verfolgt, auf der einen Seite eine »Überkonzentration« in den begünstigten Regionen und zum anderen eine ausgeprägte »Unterausnutzung« der Ressourcen in den am wenigsten entwickelten Regionen der Gemeinschaft zu vermeiden; schließlich ist der Binnenmarkt doch ein aus allen Regionen der Gemeinschaft gebildeter Markt, so daß es nur recht und billig ist, daß die am wenigsten

begünstigten Regionen den ihnen ja zustehenden Anteil an den Segnungen einer Dynamik erhalten, zu der sie auch beitragen.
Anhand dieser wenigen, zugegebenermaßen recht überschlägigen Überlegungen läßt sich die von den Staats- bzw. Regierungschefs in Brüssel im Februar 1988 beschlossene erhebliche Anstrengung im Bereich der finanziellen Solidarität in ihrer vollen Bedeutung ermessen. Im Rahmen des »Delors-Plans« sieht die Reform der Strukturfonds eine reale Verdoppelung der Mittelausstattung zwischen 1987 und 1993 von rund 7 auf knapp 14 Milliarden ECU vor. Wenn man weiß, daß eines der Hauptmerkmale in den Modalitäten der Intervention dieser Fonds die Konzentration auf die Regionen mit rückständiger Entwicklung ist, so wird verständlich, daß hier – mutatis mutandis – von der Dimension eines Marshall-Plans gesprochen werden kann: Ein Zahlenvergleich zeigt, daß die amerikanische Hilfe für die europäischen Länder von 1948 bis 1951 eine Größenordnung erreichte, die mit den für den Beginn des nächsten Jahrzehnts geplanten Investitionen im Rahmen des »wirtschaftlichen und sozialen Zusammenhalts« durchaus vergleichbar ist. Dies gilt auch dann, wenn man berücksichtigt, daß Spanien keine Hilfe aus dem Marshall-Plan erhielt und daß sich das Inlandsprodukt der europäischen Länder zwischen 1951 und 1988 volumenmäßig je nach Land versechs- bis verzwölffacht hat.
Die regionale Solidarität in der Gemeinschaft ist also kein leeres Wort.
Parallel zur Tätigkeit der reformierten Strukturfonds und der sozialen Regelungen der EGKS werden zwei weitere Gruppen von Maßnahmen, die die quantitative und qualitative Anpassung an die sich heute und morgen in der Industrie vollziehenden Veränderungen erleichtern sollen, aus Finanzmitteln der Gemeinschaft finanziert, nämlich die sozialen Maßnahmen, die in den veschiedenen Projekten der Gemeinschaftsprogramme Resider (Eisen- und Stahlindustrie) und Renaval (Schiffbau) vorgesehen sind.

Maßnahmen zugunsten besonders unterstützungsbedürftiger Bevölkerungsgruppen

In der Gemeinschaft gibt es aber nicht nur ein regionales Gefälle, und die Strukturfonds sind nicht das einzige Instrument, mit dem die Gemeinschaft den wirtschaftlichen und sozialen Zusammenhalt stärkt. Mit verschiedenen, wenn auch keineswegs neuen Politiken wird versucht, die Situation bestimmter besonders benachteiligter Zielgruppen der Bevölkerung zu verbessern. Ohne Anspruch auf Vollständigkeit zu erheben, seien hier die Maßnahmen zugunsten von Jugendlichen, Frauen und Behinderten sowie der Kampf gegen die Armut genannt.

Die Probleme der Jugendlichen: Beschäftigung und allgemeine und berufliche Bildung

Die Jugendarbeitslosigkeit hat bekanntlich seit mehr als einem Jahrzehnt dramatische Ausmaße angenommen: Fast 35 % aller Arbeitslosen sind Jugendliche unter 25 Jahren, wobei die Mädchen noch schlechter dran sind als die Jungen. Dieses Problem beschäftigt die Gemeinschaft ganz besonders. 1985 anläßlich des Internationalen Jugendjahres hat die Kommission in einem Memorandum ihre vielfältigen Maßnahmen zugunsten der Jugend einer breiten Öffentlichkeit präsentiert.

So räumt der ESF seit seiner Reform im Jahre 1983 den Jugendlichen eine hohe Priorität ein: 75 % der Mittel des Fonds werden seitdem für die Einstellung oder berufliche Bildung von Jugendlichen aufgewendet. Diese Priorität wurde anläßlich der 1988 beschlossenen Reform der Strukturfonds (siehe Kasten 8) bestätigt. 1987 wurden 2,36 von insgesamt 3,15 Milliarden ECU für Maßnahmen zugunsten Jugendlicher unter 25 Jahren aufgewendet.

Parallel hierzu hat der Rat im Dezember 1983 eine Entschließung »zur Förderung der Beschäftigung von Jugendlichen« gefaßt. Ohne sich – wie die Kommission gefordert hatte – hinsichtlich der Zahl der zusätzlich zu schaffenden Arbeitsplätze fest zu binden, hat der Rat klare Leitlinien aufgestellt:

- Einstellung von Jugendlichen in Verbindung mit der Neugestaltung der Arbeitszeit;
- Beihilfen für die Einstellung Jugendlicher in der privaten Wirtschaft und finanzielle Förderung von Unternehmensneugründungen durch Jugendliche;
- Suche nach Beschäftigungsmöglichkeiten im öffentlichen Dienst oder in gemeinnützigen Einrichtungen;
- Unterstützung der Jugendlichen bei der Entwicklung der außerberuflichen Interessenschwerpunkte.

Diese Maßnahmen wurden 1987 verstärkt.

Die Arbeit der Gemeinschaft endet aber nicht hier. Parallel zu den Maßnahmen, die Ausbildung im Bereich der neuen Technologien fördern, hat die Gemeinschaft in Verbindung mit den Programmen zur Förderung des Jugendaustausches und der Zusammenarbeit in der Bildungsarbeit (Comett, Erasmus, Jugend usw., siehe Kasten 7) insbesondere Tätigkeiten entfaltet, die den Übergang der Jugendlichen in das Erwerbsleben betreffen. Die durch veränderte Beschäftigungs- und Berufsstrukturen und gewandelte Lebenserwartungen und Verhaltensweisen der Jugendlichen notwendig gewordenen »Überleitungspolitiken« waren so Gegenstand eines ersten und später eines zweiten Aktionsprogramms mit der Bezeichnung »Transition« I und II (1982–1987). Im Rahmen dieses Programms, das auf eine qualitative Verbesserung der allgemeinen und beruflichen Bildung sowie auf die Chancengleichheit aller Jugendlichen ausgerichtet ist, konnten verschiedene Neuerungen und Pilotvorhaben finanziert werden (berufliche Eingliederung von Jugendlichen nach schulischem Versagen; Sensibilisierung für Entwicklungsinitiativen der lokalen Wirtschaft; alternierende Ausbildung für junge Arbeitslose usw.). Auf diese Weise konnte der europäischen Zusammenarbeit auf dem Gebiet der allgemeinen und beruflichen Bildung ein neues Betätigungsfeld erschlossen werden.

Auf dem Wege zur Chancengleichheit zwischen Männern und Frauen

Der Anteil der arbeitslosen Frauen an der Gesamtzahl der Arbeitslosen hat im Laufe der Zeit den Anteil der jugendlichen Arbeitslosen (unter 25 Jahren) deutlich überschritten und im Juli 1988 48 % erreicht; damit sind prozentual mehr Frauen als Männer arbeitslos. Dies läßt darauf schließen, daß es spezifische Ursachen für die Arbeitslosigkeit der Frauen gibt, die die Gemeinschaft zu erfassen und zu beseitigen sich bemüht.

Ein entscheidendes Jahr bei diesen Bemühungen war 1985 mit der Verabschiedung eines neuen mittelfristigen Programms (1986–1990), das gleichzeitig Maßnahmen in den Bereichen Bildung, neue Technologien, soziale Sicherung, Teilung der familiären und beruflichen Verantwortung und »Entwicklung der Mentalität« vorsieht. Dieses inzwischen zur Hälfte abgelaufene Programm wird normal fortgesetzt und umfaßt trotz der begrenzten Mittel auch andere Aktionen wie Unternehmensneugründungen und örtliche Initiativen.

Erinnern wir uns kurz an die Arbeit, die die Gemeinschaft in Anwendung von Artikel 119 des Vertrags zur Verwirklichung der Gleichbehandlung zwischen Männern und Frauen leistet (...). Sie wird bei diesen Bemühungen vom Europäischen Parlament, das im Oktober 1987 vier Entschließungen (über die berufliche Wiedereingliederung, die Frauen im Sport, das Image und die Stellung der Frau in den Medien und die Diskriminierungen von ausländischen Frauen) gefaßt hat, aber auch vom Gerichtshof[1] unterstützt, der eine Reihe von Urteilen im Zusammenhang mit der Anwendung der Gemeinschafts-

---

1. Hier sei der generelle Hinweis angebracht, daß jeder Angehörige eines Mitgliedstaats der Gemeinschaft in Sachen, die das Gemeinschaftsrecht betreffen, seine Rechte vor dem Gerichtshof in Luxemburg geltend machen

richtlinien über die Gleichbehandlung zwischen Männern und Frauen und der Umsetzung dieser Richtlinien in einzelstaatliches Recht erlassen hat.

Mittelbindungen des Europäischen Sozialfonds (1988)

Die gesamten Mittelbindungen des Europäischen Sozialfonds für 1988 belaufen sich schätzungsweise auf 3180 Millionen ECU.
Die Interventionen des Fonds werden weit mehr als 2 Millionen Personen zugute kommen. Die genehmigten Zuschußanträge verteilen sich wie folgt:

- Maßnahmen zugunsten von Jugendlichen unter 25 Jahren: 75,2 %
  - in den benachteiligten Regionen: 34,3 %
  - in den anderen Regionen: 40,9 %
- Maßnahmen zugunsten von Personen über 25 Jahre: 22,1 %
  - in den benachteiligten Regionen: 10,0 %
  - in den anderen Regionen: 12,1 %
- Spezifische neue Aktionen: 2,7 %

Einige Beispiele für genehmigte Zuschußanträge:

- in Italien: Berufsbildungsmaßnahmen für 1480 junge Langzeitarbeitslose; Ziel: Restaurierung und Erschließung des kulturellen Erbes im Mezzogiorno;
- in Spanien: Berufsbildungsmaßnahmen für 1715 junge Frauen unter 25 Jahren, die seit mehr als einem Jahr arbeitslos sind;
- in Frankreich: Ausbildung von 318 Jugendlichen im Alter unter 25 Jahren für den Beruf des Entwicklungshelfers in der dritten Welt;
- im Vereinigten Königreich: Ausbildung jugendlicher Arbeitsu-

kann. So hat in jedem Mitgliedstaat das Presse- und Informationsbüro der Gemeinschaft als Außenstelle der Kommission nicht nur die Aufgabe, die Bürger über ihre individuellen und kollektiven Rechte zu informieren, sondern auch Beschwerden über Verstöße oder Versäumnisse der nationalen Verwaltung in bezug auf die Gemeinschaftsregelung entgegenzunehmen und weiterzuleiten. Auch kann jeder Bürger der Gemeinschaft sich unmittelbar bei der Kommission in Brüssel beschweren oder mutmaßliche Verstöße gegen die Gemeinschaftsregelung anzeigen.

chender in Nordostengland für den Beruf des audiovisuellen Technikers unter Einbeziehung von Spitzentechniken im Kommunikationssektor.

Die soziale Integration der Behinderten

Über 30 Millionen Bürger der Gemeinschaft – knapp 10 % der Bevölkerung – leiden unter einer Behinderung, die ihre volle soziale Integration verhindert. Dank finanzieller Förderung und der Hilfe besonderer Institutionen können die meisten von ihnen jedoch einer Arbeit nachgehen und in die Gesellschaft integriert werden.

So hat der Rat ein gemeinschaftliches Aktionsprogramm (1988–1991) für Behinderte, bekannt als Helios (Handicapped People in the European Community Living Independently in an Open Society), verabschiedet, das mit einem Budget von annähernd 19 Millionen ECU ausgestattet ist. Dieses Programm soll auf der einen Seite die berufliche Wiederanpassung und wirtschaftliche Integration der Behinderten, auf der anderen Seite ihre soziale Eingliederung und Eigenständigkeit fördern. Es ergänzt das vom Rat der Bildungsminister im Mai 1987 beschlossene Programm, das die Integration von behinderten Kindern in den normalen Schulunterricht fördert.

Kampf gegen die Armut

Die Zahl der in Armut lebenden Personen war Mitte der siebziger Jahre auf etwa 30 Millionen – 11,4 % der Haushalte der neun Mitgliedstaaten – geschätzt worden. Die Armutsgrenze war damals zu einem Einkommen pro verbrauchende Einheit in Beziehung gesetzt worden, das weniger als die Hälfte des Durchschnittseinkommens in dem betreffenden Mitgliedstaat beträgt (ausgehend von der Überlegung, daß Armut ein relativer Begriff ist).

Nach der gleichen – allerdings rein quantitativen und damit fragwürdigen – Definition dürfte zwischen 1975 und 1985 die Armut in den zwölf Mitgliedstaaten um 10 bis 20 % zugenommen haben. Demnach würden heute in der Gemeinschaft 44 Millionen Menschen in Armut leben.

Dabei betrifft diese Schätzung nur die nach dem Einkommen beurteilte Armut: Es liegen keine neueren Informationen vor, mit denen die Entwicklung anderer Armutsindikatoren (Elendswohnungen oder überbelegte Wohnungen, Fehlen eines festen Wohnsitzes, Analphabetismus usw.) in Erfahrung zu bringen wäre.

Eine Bilanz der Leistungen der Gemeinschaft auf diesem Gebiet macht deutlich, wie vielfältig, aber auch wie unzureichend diese Leistungen, gemessen an den Bedürfnissen, sind. Genannt seien

- zunächst eine spezifische mittelfristige Aktion. Nach einem ersten Programm zur Bekämpfung der Armut für die Jahre 1975 bis 1980 wurde mit Ratsbeschluß vom 15. Dezember 1984 ein zweites Programm für vier Jahre (1985–1988) genehmigt. Dieses mittlerweile mit Rücksicht auf den Beitritt Spaniens und Portugals geänderte Programm, für das insgesamt 29 Millionen ECU bereitstehen, fördert Maßnahmen wie Forschung, Verbreitung und Austausch von Kenntnissen und Transfer innovativer Methoden zwischen den Mitgliedstaaten. Ein drittes Fünfjahresprogramm, für das ein umfangreicheres Budget vorgesehen ist und das unmittelbar Pilotmaßnahmen vor Ort unterstützen soll, wird zur Zeit vorbereitet;
- punktuelle Maßnahmen (Nahrungsmittelhilfe oder Soforthilfe) mit hohem Symbolwert. So hat die Kommission in dem strengen Winter 1986–1987 eine vom EAGFL finanzierte Soforthilfe unter Verwendung landwirtschaftlicher Überschüsse im Wert von 168 Millionen ECU organisiert. Diese Maßnahme wurde im darauffolgenden Winter mit einem Aufwand von 100 Millionen ECU neu aufgelegt;
- verschiedene Maßnahmen für bestimmte Bevölkerungsgruppen mit spezifischen Handicaps (Frauen, Behinderte, Langzeitarbeitslose, Jugendliche, Analphabeten). Es ist jedoch nicht sicher, ob diese Maßnahmen tasächlich den Bedürftigen zugute kommen, da ein Merkmal der Armut auch die Kumulierung von Handicaps ist.

Jedenfalls besteht kein Zweifel, daß die Tätigkeit der Gemeinschaft zur Bekämpfung der Armut in ihren traditionellen Formen wie auch der ›neuen Armut‹ mit ihrem eigenen Determinismus ihren berechtigten Platz neben den nationalen Maßnahmen und der Tätigkeit der »Nicht-Regierungsorganisationen« hat. Sie ist damit ein angesichts der verfügbaren Mittel zwar bescheidenes, nichtsdestoweniger aber reales Instrument zur Stärkung des wirtschaftlichen und sozialen Zusammenhalts der Gemeinschaft.

Die Gemeinschaftsaktion, sei es zugunsten der Jugendlichen, der Langzeitarbeitslosen, der Behinderten oder der Bedürftigen, kommt durch die direkte Hilfe, die sie den Betroffenen oder den zwischengeschalteten Organisationen leistet, nicht minder aber auch durch ihre Funktion als Katalysator und Drehscheibe des Informations-und Erfahrungsaustauschs – häufig die Vorstufe für den Transfer innovativer Erfahrungen von Land zu Land – zum Tragen.

So hilft die Gemeinschaft, Meinungen und Erfahrungen betreffend gemeinsame Probleme einander gegenüberzustellen und die Ergebnisse positiver nationaler Maßnahmen zu vergleichen. Diese »Drehscheibenfunktion« kann zugleich auch einen Multiplikationseffekt haben. Ein Beispiel mag dies veranschaulichen: Verschiedene traditionelle Wohltätigkeitsorganisationen einiger Mitgliedstaaten haben unter dem Eindruck der in anderen Mitgliedstaaten eingeführten Neuerungen im Kampf gegen die Armut ihre Interventionsmethoden von Grund auf umgestellt.

III.

Rat der Evangelischen Kirche in Deutschland

Erklärung zu den Wahlen zum Europäischen Parlament (21. Oktober 1978)

Die Direktwahlen zum Europäischen Parlament werden die Bestrebungen der europäischen Integration stärker als bisher in das öffentliche Bewußtsein rükken. Wird durch den geplanten Zusammenschluß von Staaten und Völkern ereicht werden, daß der Frieden auf Erden sicherer, die Gerechtigkeit unter den Menschen glaubwürdiger und sicherer und die Hilfe für die Armen größer wird? Antwort auf diese Fragen werden wir alle geben müssen. Auch die Kirchen stehen vor der Aufgabe, vom Evangelium her ihren Beitrag für Frieden, Gerechtigkeit und Solidarität einzubringen, wenn sich nun über die Grenzen der Staaten und Völker hinweg eine größere Einheit bildet.

Europa ist in seiner Entstehung und Geschichte nicht ohne die Anstöße und Lebensformen zu denken, die vom Evangelium geprägt sind. Es gibt darum gute Gründe dafür, vom christlichen Abendland, von christlicher Kultur und Sitte zu sprechen. Ein großer Teil der Menschen Europas gehört auch heute einer christlichen Kirche an. Von Europa ging die Botschaft der Versöhnung in Jesus Christus in alle Welt. Das tatsächliche Verhalten der Kirchen und der Christen hat aber in der Vergangenheit und bis in die Gegenwart hinein oft nicht der anvertrauten Botschaft entsprochen. Zur Geschichte Europas gehört daher auch die Schuld, welche die Kirchen auf sich geladen haben. Die Botschaft von der Versöhnung in Jesus Christus steht vom christlichen Erbe her als Verheißung und Verpflichtung, als Bezeugung der Schuld und aufrichtende Wegweisung über den Entscheidungen, die auf uns zukommen.

Im Jahre 1979 werden die Bürger der Europäischen Gemeinschaft ein Europäisches Parlament wählen. Damit beginnt ein neuer Abschnitt in der Geschichte der Europäischen Institutionen.

Vor 27 Jahren trat der erste der drei Verträge über die Gründung einer Europäischen Gemeinschaft in Kraft. Damals haben Europäische Staaten aus freiem Entschluß einzelstaatliche Souveränitätsrechte – wenn auch nur im wirtschaftlichen und sozialen Bereich – an eine überstaatliche Autorität übertragen.

Die Gründung der Europäischen Gemeinschaft ist eine der wichtigsten Leistungen für Aufbau und Sicherung der künftigen Entwicklung unseres Erdteils. Sie geschah aus der Einsicht, daß nach den beiden Weltkriegen, die Europa in der ersten Hälfte dieses Jahrhunderts zweimal in die Katastrophe geführt hatten, eine Befriedung und Versöhnung des Kontinents sowie eine vertiefte Zusammenarbeit der Völker nötig waren.

Es erfüllt uns mit Trauer, daß unter den in Europa gegebenen politischen Verhältnissen sich diese Gedanken nur in einer Teilregion Europas, zunächst in sechs, jetzt in neun Staaten Westeuropas, verwirklichen lassen. Die Europäische Gemeinschaft ist daher nur ein Teil des ganzen Europa. Die kulturelle Einheit Europas geht weit darüber hinaus. Dies müssen sich die Menschen in der Europäischen Gemeinschaft immer wieder vergegenwärtigen, damit sie nicht der Versuchung erliegen, sich gegenüber dem übrigen Europa abzuschließen und den Teil für das Ganze zu nehmen. Die Gemeinschaft muß offen sein für die Verbindung und Zusammenarbeit mit den Völkern Osteuropas. Europa endet nicht an der Elbe.

Bei den Europäischen Direktwahlen erhält der einzelne Bürger in den Mitgliedstaaten der Europäischen Gemeinschaft die Möglichkeit, durch seinen Stimmzettel unmittelbar Einfluß auf die Besetzung des Europäischen Parlaments zu nehmen. Die europäische Zusammenarbeit war bisher in der Hauptsache das Werk von Regierungen und der nationalen Parlamente, die ihre Vertreter in die Europäische Versammlung entsandten. Jetzt sollen die Vertreter unmittelbar von den europäischen Völkern bestellt werden. Zum ersten Mal wird ein Parlament zusammentreten, das gleichzeitig demokratisch und europäisch legitimiert sein wird.

Die Parteien haben die große Chance, den einzelnen Bürger mit europäischen Fragestellungen vertraut zu machen und für die europäische Integration wieder zu interessieren. Diese Chance wird vertan, wenn der Wahlkampf allein unter innenpolitischen Gesichtspunkten geführt und mit Themen der nationalen Politik bestritten wird.

Die Parteien müssen im Wahlkampf deutlich machen, daß sie die gemeinsame Absicht verbindet, das europäische Einigungswerk zu fördern.

Die Evangelische Kirche in Deutschland nennt einige Forderungen, die Grundorientierungen einer europäischen Politik sein sollten, weil sie dem Frieden und der Gerechtigkeit dienen. Dies geschieht in dem Bewußtsein, daß das Europa der Zukunft kein einheitliches, auch kein einheitlich christliches, sondern ein plurales Europa sein wird:

1. In der Europäischen Gemeinschaft müssen die verantwortlich Handelnden sich von den gemeinsamen Interessen aller Mitgliedsstaaten leiten lassen und berechtigte nationale Ziele der einzelnen Mitgliedsstaaten dazu in Bezug setzten. Das nationale Interesse ist soweit zu erhalten und soweit zu reduzieren,

daß das Einzelinteresse im Gemeinschaftsinteresse bewahrt bleibt. Die Verantwortung für das Ganze sollte auch dann den Vorrang haben, wenn nationale wirtschaftliche Interessen mit dem Wunsch eines noch außerhalb der Gemeinschaft stehenden europäischen Landes, Mitglied zu werden, in Konflikt geraten.

2. Die neue Gemeinschaft darf nicht als ein geschlossenes weltanschauliches, wirtschaftliches oder politisches System aufgebaut werden, sondern muß sich als eine offene Völkergemeinschaft verstehen. Die Europäische Gemeinschaft sollte eine geschichtlich gewachsene demokratische Gemeinschaft sein, für die die Achtung der Würde und der Freiheit des Menschen oberste Richtschnur des Handelns ist und die für die Verwirklichung der Menschenrechte überall in der Welt eintritt.

3. Die wirtschaftliche und soziale Dimension der Europäischen Gemeinschaft müssen sich ergänzen. Das Ziel, die Effizienz der Volkswirtschaften zu steigern und ihr Wachstum zu fördern, ist mit der Notwendigkeit in Einklang zu bringen, dem einzelnen Menschen und gerade auch den schwächsten Gliedern der menschlichen Gesellschaft zu dienen. Die europäische Politik muß darum insbesondere auf einen Abbau von Benachteiligungen unterprivilegierter Gruppen hinwirken.

4. Eine Gemeinschaft, die ihre benachteiligten Regionen vergißt, setzt ihre Zukunft aufs Spiel. Auch deshalb muß eine Verminderung des wirtschaftlichen Gefälles zwischen den reichen Regionen und den ärmeren Gebieten erreicht werden.

5. Ihre große Wirtschaftskraft verpflichtet die Europäische Gemeinschaft zu einer verantwortlichen Entwicklungspolitik. Dies gilt nicht nur im Verhältnis zu den Staaten, die früher einmal europäische Kolonialgebiete waren, sondern für alle Länder der Dritten Welt, die auf die Hilfe der Industrienationen angewiesen sind.

6. Die Regierungen der Mitgliedsstaaten haben in den letzten Jahren im Rahmen der Europäischen Politischen Zusammenarbeit gemeinsame Stellungnahmen zu Fragen der internationalen Politik angestrebt. Dieser Weg muß im Interesse des Friedens und der internationalen Verantwortung fortgesetzt werden. Trotz mancher Enttäuschungen sollte er auch die Bereitschaft zum Gespräch und zur Zusammenarbeit mit den Völkern Osteuropas einschließen. Die Europäische Gemeinschaft hat eine besondere Verantwortung für die Erhaltung des Friedens zwischen Ost und West, weil Europa durch die Spaltung der Welt in Machtblöcke besonders betroffen ist.

7. Wir erwarten von den Politikern, daß sie den Wählern Zukunftsperspektiven für den Weg unserer Völker und für die Menschengemeinschaft auf Erden vor Augen stellen. Je klarer die Zukunftsaussagen sind, um so größer wird die Bereitschaft zum Engagement sein.

IV.

Auszug aus dem »Schlußdokument von Basel« (Mai 1989): Ökumenische Versammlung »Frieden in Gerechtigkeit«

Auf dem Weg zum Europa von Morgen

5.1 Reflexionen über die Vergangenheit

46. Jedes Nachdenken über die Zukunft Europas beginnt mit einer Reflexion über die Vergangenheit. Die europäische Geschichte ist von großen kulturellen und wissenschaftlichen Errungenschaften und der Entwicklung der grundlegenden Menschenrechte sowie von geistlichen Einsichten und Erfahrungen geprägt. Aber sie ist auch gekennzeichnet von Gewalt, sowohl auf dem eigenen Kontinent als auch in anderen Teilen der Welt. Für viele Menschen außerhalb Europas ist daher dieser kleine Teil der Welt, den man »Europa« nennt, nicht gleichbedeutend mit dem Streben nach Menschenwürde, Freiheit und sozialer Gerechtigkeit, sondern vielmehr mit kolonialer Expansion, Sklaverei, Rassismus, Diskriminierung, ökonomischer Ausbeutung, kutureller Vorherrschaft und ökologischer Verantwortungslosigkeit.

47. Von Europa sind zudem in diesem Jahrhundert zwei Weltkriege ausgegangen. Gerade in diesem Jahr 1989, das heißt, fünfzig Jahre nach dem Ausbruch des letzten Weltkrieges, erinnern wir uns der Toten, des Leidens, der Trauer, der Verbrechen und der Verwüstungen, die dieser Krieg verursacht hat.

48. Als Christen sind wir für dies alles mitverantwortlich. Kirchenspaltungen und Religionsstreitigkeiten haben die europäische Geschichte weitgehend mitbestimmt. Viele Kriege sind Religionskriege gewesen. Millionen von Menschen sind um ihres Glaubens willen gefoltert und getötet worden. In den großen sozialen Konflikten, in denen es um Gerechtigkeit ging, haben die Kirchen nicht selten geschwiegen. Als Folge dieser Geschichte und des letzten Weltkrieges ist Europa zu einem gespaltenen Haus geworden.

5.2 Herausforderungen

49. Diese Einsichten sollten uns demütig werden lassen, aber sie sollten uns auch helfen, gegenüber den sich uns im Wandlungsprozeß Europas heute stellenden Herausforderungen aufgeschlossener zu sein.
50. Fünfzig Jahre nach Ausbruch des letzten Weltkrieges zeigt sich immer mehr der Wunsch, die Spaltung Europas zu überwinden. Sowohl in einzelnen Ländern als auch über die Ländergrenzen hinweg kritisieren viele – und auch viele Christen –, daß diese Strukturen Frieden und Gerechtigkeit nicht zureichend sicherstellen und ungeeignet sind, den Bedrohungen der Schöpfung mit Nachdruck und Phantasie entgegenzutreten.
51. Drei wichtige und bedeutungsvolle Entwicklungen verlangen unsere besondere Aufmerksamkeit:

- die Verbesserung der Ost-West-Beziehungen im Rahmen des KSZE-Prozesses,
- die demokratischen Reformen in der UdSSR und den anderen osteuropäischen Ländern,
- der Integrationsprozeß in Westeuropa (Single European Act / die mit Beginn 1993 in Kraft treten soll).

Gleichzeitig jedoch flammen aufgrund der überkommenen und immer noch bestehenden Ungerechtigkeiten ethnische und regionale Konflikte (wieder) auf.
52. In Europa gibt es kleinere und auch größere nationale Gruppen, deren Recht auf die eigene Kultur, Religion und ihr eigenes politisches System nicht oder nur sehr begrenzt anerkannt werden. Wir unterstützen die Bemühungen dieser Menschen und nationalen Gruppen um Selbstbestimmung und Förderung ihrer Kultur und Religion. Wir rufen alle Christen auf, solchen Ungerechtigkeiten entgegenzuwirken und diesen Menschen und nationalen Gruppen mit gewaltfreien Mitteln zu helfen.
53. Als Christen müssen wir mit darüber nachdenken, wie Europa in der Zukunft aussehen soll. Was sind unsere Hoffnungen? Was sind unsere Sorgen und Probleme?

5.3. Die Wunde der Spaltung Europas heilen

54. Die Kirchen sind zweifellos dazu aufgerufen, ihren Beitrag dazu zu leisten, daß die völkertrennenden Spaltungen auf unserem Kontinent überwunden werden. Wir Europäer dürfen uns mit der jetzigen Situation nicht abfinden.

55. Der angelaufene Entspannungsprozeß hat sichtbar Früchte getragen: in der Konferenz über Sicherheit und Zusammenarbeit in Europa (KSZE, angefangen von der Schlußakte von Helsinki 1975 bis zum Wiener Dokument von 1989) und dem INF-Vertrag über die Mittelstreckenraketen in Europa von 1987. Die große Frage an uns alle ist, ob Europa – Ost und West – bereit ist, in eine neue Phase des Prozesses einzutreten. Wird Entspannung in den kommenden Jahren nur in dem Bemühen bestehen, die Spaltung weniger gefährlich zu machen? Oder werden wir endlich eine wirkliche Versöhnung in Europa erreichen? Aufgrund ihrer Sendung haben die Kirchen eine besondere Aufgabe, zu dieser Versöhnung beizutragen.

56. Entspannung und Versöhnung in Europa dürfen allerdings nicht auf Kosten der Länder in Asien, Afrika, Mittel- und Lateinamerika geschehen. Unsere erste Sorge über die eklatanten Ungerechtigkeiten in Europas Wirtschaftsbeziehungen zu den ärmeren Ländern muß nicht nur weiter wachbleiben, sondern sie muß vertieft werden. Ein Europa, das seine eigenen Probleme und Schwierigkeiten löst, kann seine Verantwortung für andere Länder um so wirksamer erfüllen.

5.4 Abrüstung und Vertrauensbildung

57. Unsere Hoffnung auf Heilung setzt voraus, daß der mit dem INF-Vertrag begonnene Prozeß fortgesetzt wird. Die riesige Anhäufung von Waffen in Europa wird heute – was auch immer die Gründe in der Vergangenheit dafür gewesen sein mögen – immer mehr als Ausdruck der europäischen Spaltung betrachtet, die überwunden werden muß. In vieler Hinsicht scheint der »Kalte Krieg« vorbei zu sein. Und doch ist Europa, mit Ausnahme der wenigen neutralen Staaten, in zwei feindlichen Militärblöcken organisiert, die beide über umfangreiche Streitkräfte verfügen. Die Mittel, die zur Aufrechterhaltung dieser Strukturen eingesetzt werden, werden Millionen von Menschen innerhalb und außerhalb Europas entzogen. Als Kirchen müssen wir dazu beitragen, daß neue Strukturen in Europa aufgebaut werden, die auf die Probleme von heute und von morgen – und nicht auf die von gestern – eingehen. Wenn wir in Europa in Frieden leben möchten, brauchen wir ein gemeinsames Sicherheitssystem. Wir erwarten viel von den in diesem Jahr begonnenen Gesprächen über konventionelle Waffen und vertrauensbildende Maßnahmen.

58. Wenn wir auf unserem Kontinent in Frieden zusammenleben möchten, brauchen wir eine neue Vision von Europa und eine Politik der gemeinsamen Sicherheit.

5.5 Dialog und Partizipation

59. Unsere Hoffnung auf Heilung ist durch die letzten Entwicklungen in einigen Ländern Europas gestärkt worden. Diese Entwicklungen lassen durch einen Reform- und Demokratisierungsprozeß mehr Raum für Dialog in der Außen- und Innenpolitik. In einigen Ländern entsteht so allmählich, was man als »Zivilgesellschaft« bezeichnet, das heißt, vom Staat unabhängige Gruppen, nichtstaatliche Organisationen und Initiativen. Die Menschen werden sich zunehmend ihrer Rechte, ihrer Rolle und ihrer Stärke in der Gesellschaft bewußt. Sie möchten aktiv ihre Zukunft mitgestalten. Für diesen Prozeß könnte auch das Wiener KSZE-Dokument (1989) wichtig sein, denn es enthält eindeutige Erklärungen zur Glaubens- und Überzeugungsfreiheit, zu den Menschenrechten, den nationalen Minderheiten und den menschlichen Kontakten.

60. Diese Schritte in Richtung auf Dialog und Gespräch, sowohl in einzelnen Ländern als auch zwischen den Ländern, sind für die Kirchen eine dringende Aufforderung, an diesem Prozeß teilzunehmen. Die Kirchen sollten für alle, die nicht miteinander übereinstimmen, aber nach der Wahrheit suchen, ein Ort der Offenheit und des Dialogs sein. In Zeiten der Polarisierung und der Spannung haben die Kirchen die Verantwortung, den Dialog zwischen allen zu erleichtern, die anders Schwierigkeiten hätten, miteinander zu reden, das heißt, auch mit Anhängern anderer Weltanschauungen und Glaubensformen und über den entzweienden Graben in Europa hinweg. So können wir mitwirken an dem Prozeß, bei dem die Grenzen allmählich ihren trennenden Charakter verlieren.

61. Wir bekräftigen mit Nachdruck die Bedeutung gewaltfreier politischer Mittel; sie sind der angemessene Weg, Veränderungen in Europa zu erreichen. In unseren Ländern oder auf unserem Kontinent gibt es keine Situation, die einen Einsatz von Gewalt verlangen oder rechtfertigen würde.

5.6 Übergangszeit

62. Diese Zeit der Hoffnung und der Erwartungen ist jedoch nicht ohne neue Gefahren. In dem neugeschaffenen Freiraum tauchen alte Probleme in neuem Gewand wieder auf. Und auch der Prozeß der Veränderung bringt, wie jede Wandlung, seine eigenen Probleme mit sich. Was vielen als eine neue Zukunft erscheint, mag von anderen als Bedrohung empfunden werden. Es ist ein schwieriger Weg. Daher ist es wichtig, daß wir als Kirchen in Europa auch über diesen Aspekt der Risiken bei diesem Wandel nachdenken. Dabei müssen wir vor allem folgendes hervorheben:

- In dem heutigen Wandlungsprozeß Europas könnten sich einzelne Länder, Gruppen oder Menschen versucht fühlen, ihren eigenen Interessen, Rechten und Ansichten einen absoluten Vorrang zu geben. Wenn dies geschehen sollte, wird bald kaum noch Raum für den raschen Wandel vorhanden sein. Daher möchten wir dringend darum bitten: Lassen wir diesen Prozeß der Wandlung zu einem Prozeß der Versöhnung werden. Wobei »Versöhnung« mehr bedeutet als den Verzicht auf die Anwendung von Gewalt. Es bedeutet auch Offenheit gegenüber den Forderungen und Rechten der anderen Seite. Beide Seiten sollen die Fähigkeit zum Wandel, die sie vom anderen erwarten, selbst haben und gegenseitig deren Grenzen erkennen.
- Die Single European Act, die nach 1992 einen großen Binnenmarkt anstrebt, treibt jetzt schon die westeuropäische Integration voran. Mit dieser Entwicklung sind sowohl Erwartungen als auch Befürchtungen verbunden. Man hofft, durch diesen Schritt den Wohlstand vieler anheben zu können. Aber nicht wenige befürchten, daß dies auf Kosten und unter Ausschluß vieler anderen erkauft werden könnte.

Als in Europa vertretene Kirchen müssen wir darauf achten, daß diese Öffnung der inneren Grenzen in Westeuropa nicht zu einem »westeuropäischen Bollwerk« führt, was sich gegenüber den anderen Teilen der Welt zunehmend abschottet. Wirtschaftliche Maßnahmen und Zusammenarbeit sind notwendig, um die Schuldenlast zu erleichtern und die technologische Kluft zwischen West- und Osteuropa und zwischen Nord- und Südeuropa zu verringern.
Dasselbe gilt für andere Problembereiche. Gerade die Flüchtlings- und Asylantenpolitik wird ein Testfall für die Offenheit Westeuropas sein. Auch müssen die Kirchen dieser Länder die Auswirkung der westeuropäischen Integration auf die Nord-Süd-Beziehungen in Europa sehr aufmerksam verfolgen. Sie müssen kritisch beobachten, wie die Bedürfnisse der Armen in ihren eigenen Ländern befriedigt und Fragen der sozialen Sicherheit und der Partizipation behandelt werden. Der Schutz der Umwelt muß besonders beachtet und respektiert werden. Besondere Aufmerksamkeit sollte den Strukturen der Ungerechtigkeit und der Ausbeutung im Rahmen des Tourismus geschenkt werden.

5.7 *Ethnische und regionale Konflikte*

63. Als Kirchen sind wir in Europa keine bloßen Zuschauer; wir sind vielmehr sowohl ein Teil der Hoffnung als auch ein Teil der Spaltungen. Das gilt für die in unserem Kontinent neu aufflammenden ethnischen und regionalen Konflikte – die oft schon seit langem schwelen und weit in die Geschichte zurückreichen.

Als Kirchen müssen wir bereit sein, Minderheiten bei uns aufzunehmen, die sich gegen den Assimilationsdruck wehren, und wir müssen für die Menschenwürde der Randruppen eintreten. Wir dürfen uns nicht nur angesichts der großen Konflikte zwischen Nord und Süd und Ost und West für Versöhnung einsetzen, sondern müssen dies auch angesichts der trennenden Bitterkeit, ja des Hasses zwischen den Menschen in unseren Gesellschaften.

64. Wir fordern die Regierungen Europas auf, alles in ihrer Macht Stehende zu tun, um alle Bedingungen und Maßnahmen abzuschaffen, die die Menschen dazu veranlassen, zu Flüchtlingen zu werden und die Zukunft für sich und ihre Kinder in anderen Ländern zu suchen.

5.8 *Überwundene Feindschaft*

65. Wir beten und hoffen, daß unser Zusammenkommen in Basel ein Zeichen der Hoffnung für die wachsende Gemeinschaft auf diesem geteilten Kontinent ist. Wir laden die Kirchen und Gemeinden aus unterschiedlichen Teilen Europas dazu ein, einander zu treffen, miteinander zu sprechen und zu beten. Als Kirchen wissen wir, daß die Gemeinschaft, die wir feiern dürfen, nicht von uns gestiftet ist. Unser Herr Jesus Christus hat die trennenden Wände eingerissen. Weil – in einem tieferen Sinn – der Leib Christi »überwundene Feindschaft« ist, bitten wir darum, daß der ökumenische Prozeß in Europa ein konziliarer Prozeß sein möge. Aus dieser Erwartung heraus sind wir dazu aufgefordert, in unseren eigenen Gesellschaften und in ganz Europa unsere eigene Rolle zu spielen.

5.9 *Das gemeinsame europäische Haus*

66. In der letzten Zeit sind unsere Vorstellungen von Europas Zukunft durch das Bild des gemeinsamen europäischen Hauses angeregt worden. Wie realistisch ist dieses Bild in einem Kontinent, der so lange und auf so unterschiedliche Art getrennt und gespalten gewesen ist? Die Vorstellung vom gemeinsamen europäischen Haus erinnert uns daran, daß alle Menschen und Staaten in Europa gemeinsame Grundlagen haben, Gemeinsamkeiten in ihrer Geschichte, ihrem kulturellen Erbe und ihren Werten. Und es erinnert uns

daran, daß »Europa« nicht nur der Name für einen Teil dieses Kontinents ist. In einem gemeinsamen Haus gibt es gemeinsame Verantwortungen. Es darf nicht zugelassen werden, daß sich die Lage einiger Teile verschlechtert, während andere in Luxus glänzen. In einem gemeinsamen Haus wird das Leben vom Geist der Zusammenarbeit und nicht der Konfrontation bestimmt. Dabei ist wichtig, daß die Vorstellung von einem gemeinsamen europäischen Haus auch die Kritik an allen trennenden Wänden, Gräben und errichteten Schranken zuläßt, die die Kommunikation unmöglich machen.

67. Das Bild macht deutlich, daß wir lernen müssen, mit vielen Menschen auf einem kleinen Kontinent zusammenzuleben. Es gibt nur wenig Raum, und die verfügbaren Vorräte sind knapp. Einige grundlegende Hausregeln sind daher nötig, eine Art »Hausordnung«, die das Zusammenleben möglich macht. In diesen Regeln müßte enthalten sein:

- das Prinzip der Gleichheit aller Bewohner, seien sie stark oder schwach,
- die Anerkennung von Werten wie Freiheit, Gerechtigkeit, Toleranz, Solidarität und Partizipation,
- eine positive Einstellung gegenüber Anhängern verschiedener Religionen und Weltanschauungen,
- offene Türen und Fenster – mit anderen Worten: viele persönliche Kontakte und viel Gedankenaustausch,
- Konfliktlösung durch Dialog und nicht durch Gewalt.

68. Das europäische Haus sollte ein offenes Haus sein, ein Ort der Zuflucht und des Schutzes, ein Ort des Willkommens und der Gastfreundlichkeit, wo Gäste nicht diskriminiert, sondern als Mitglied der Familie behandelt werden. In diesem Haus sollte sich niemand davor fürchten, die Wahrheit zu sagen. Im europäischen Haus sollten die Bewohner etwas unternehmen gegen das Gefälle zwischen den Armen und den Reichen in Europa, gegen die Trennung zwischen Nord und Süd auf diesem Kontinent, gegen die diskriminierende Behandlung von »zugezogenen Bewohnern«, gegen die Ungerechtigkeit der Massenarbeitslosigkeit, gegen die Vernachlässigung der Jugend und das Sich-selbst-Überlassensein der Alten. Das tägliche Brot sollte unter allen gerecht verteilt werden.

5.10 Eine Weltorientierung

69. Aber das Bild vom gemeinsamen europäischen Haus hat auch seine Grenzen. Einmal läßt es die Gründe außer acht, warum sich in diesem Jahrhundert einzelne Teile Europas in unterschiedliche Richtungen entwickelt haben. Eine beflügelnde Vision darf uns nicht davon abhalten, schwierige Fragen praktisch

anzugehen. Zweitens könnte das Bild vom Haus, wenn es von Kirchen benutzt wird, als der Versuch mißverstanden werden, eine verlorene Vergangenheit wieder heraufzubeschwören. Wir messen unseren gemeinsamen christlichen Werten sowohl für das Leben des einzelnen als auch für das der Gesellschaft höchstes Gewicht bei. Aber wir wollen keine Modelle aus der Vergangenheit wiederherstellen. Wir müssen vielmehr Zeugnis ablegen von einer »Kultur der Liebe« und inmitten der reichen Vielfalt unserer heutigen kulturellen Prägungen auf den Ruf in Gottes Reich hören. Und drittens kann das Bild vom Haus eurozentristische Anklänge haben. Aber als Kirchen in Europa wissen wir, daß wir ein Teil des weltweiten Leibes Christi sind. Unser Blick ist daher nicht allein auf die Zukunft Europas, sondern auf die der Welt als Schöpfung Gottes gerichtet.

V. Ausgewählte Schaubilder

Schaubild 1

Auf dem Weg zum vereinten Europa

Das Schaubild 1 zeigt auf, daß die Europäische Gemeinschaft eine Art Nukleus bildet, der schon heute auf eine Erweiterung hindrängt und insbesondere die osteuropäischen und südosteuropäischen Nachbarstaaten zur Assoziierung bzw. Integration anregt. Die entscheidende Aufgabe der Zukunft wird die wirtschaftliche und soziale Zusammenarbeit mit Völkern, Republiken oder Staaten der ehemaligen Sowjetunion bilden. Nur eine Politik mit langem Atem und der großzügigen Solidarität wird diese Aufgabe bewältigen.
Was in den fünfziger Jahren als wirtschaftlicher Zusammenschluß einiger Kernstaaten Westeuropas begann, ist heute auf dem Weg zu einem – fast – ganz Europa umfassenden Staatenbund. Am Anfang dieser Entwicklung standen die sechs Gründungsmitglieder der Europäischen Gemeinschaft (EG), de-

nen sich bis 1986 weitere sechs westeuropäische Staaten anschlossen. Zwar wurden schon in den Gründungsverträgen alle europäischen Staaten eingeladen, sich der EG anzuschließen; aber die heutige Integrationsdynamik war damals kaum vorauszusehen. Die Anziehungskraft der EG wirkt insbesondere auf zwei Feldern. Das eine Feld ist die Europäische Freihandelszone (EFTA). Die Gründe, die manche EFTA-Länder bisher auf Distanz zur EG hielten, haben an Gewicht verloren, beispielsweise die politische Neutralität. So haben Österreich und Schweden den Antrag auf Mitgliedschaft in der EG gestellt, andere EFTA-Länder diskutieren ihn. Das andere Feld sind die Staaten Osteuropas, die nach dem Zusammenbruch des Ostblocks und des Rates für gegenseitige Wirtschaftshilfe (RGW) Hilfe durch die EG oder in der EG suchen. Die EG steht damit vor schweren Entscheidungen. Sind doch Befürchtungen nicht abwegig, daß eine allzu schnelle Erweiterung der EG das Zusammenwachsen zu einem großen Binnenmarkt mit einheitlicher Währung und schließlich auch zu einer politischen Union hemmt oder gar verhindert.

Globus

Schaubild 2

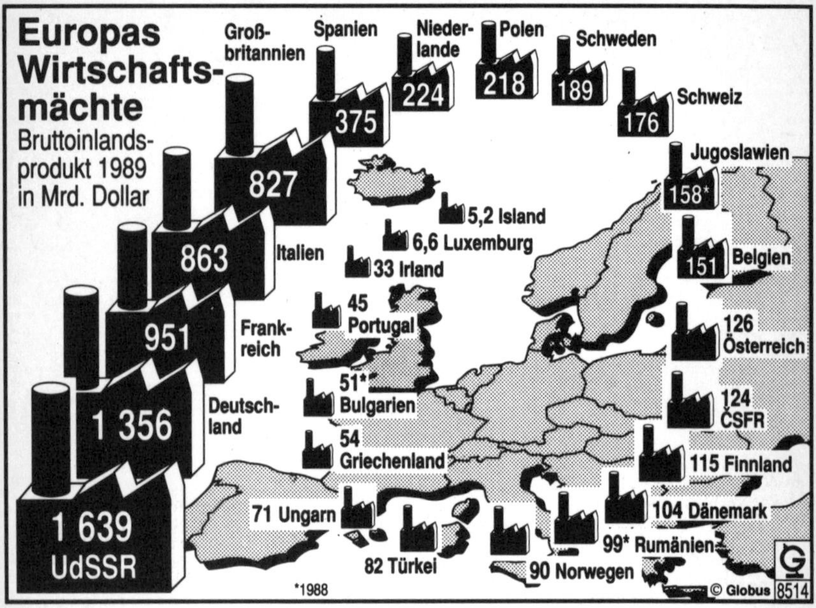

Schaubild 2 zeigt die wirtschaftliche Bedeutung der Bundesrepublik für Europa und vor allem – in der Situation von 1989 – der früheren Sowjetunion. Allerdings hängt alles davon ab, ob der Umbruch in der Wirtschaft dieser östlichen Region gelingt und wie der Ruf nach einer Art »Marshallplan« für Osteuropa beantwortet wird oder ob es dort zu einem völligen Zusammenbruch mit unabsehbaren sozialen und politischen Folgen kommen wird.

Schaubild 3

Armut in Europa

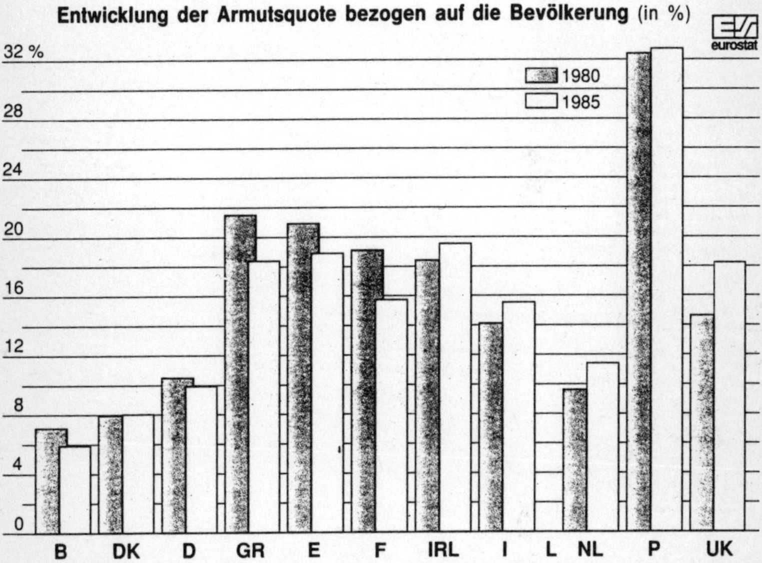

(Schaubild entnommen aus: Sozialporträt Europas, (Hg.) Amt für amtliche Veröffentlichungen der EG, 1991, S. 79)

EG-Experten bezeichnen jemanden als arm, der durch Einkommen oder sonstige finanzielle Zuwendungen nicht in der Lage ist, »seine Grundbedürfnisse zu decken«. Laut dieser Definition sind ca. 45 Mio. Menschen in der EG arm (gegenüber 38 Mio. im Jahr 1975). Dies entspricht 12,5 % der Gesamtbevölkerung der EG. Als relativ einfach meßbare Armutsschwelle gilt die Empfehlung der EG-Kommission aus dem Jahr 1981. Armut besteht bei einem Einkommen von 50 % des Durchschnittseinkommens eines Landes.
Die meisten Armen gab es 1980 in Frankreich (10,3 Millionen) und im Vereinigten Königreich (10,3 Millionen). Der Anteil der Armen an der Gesamtbevölkerung ist in den Ländern sehr unterschiedlich groß. 1985 bewegte er sich zwischen 5,9 % in Belgien und 32,7 % in Portugal. In Irland, dem Vereinigten Königreich, Spanien und Griechenland lag er bei etwa 20 %, in Frankreich

sowie in Italien bei etwa 15 % und in den Niederlanden, der Bundesrepublik Deutschland und Dänemark bei etwa 10 %.
Auffallend war die Entwicklung des Anteils der Armen an der Bevölkerung zwischen 1980 und 1985 zum einen im Vereinigten Königreich, wo der Prozentsatz der Armen von 14,6 % auf 18,2 % gestiegen ist, und zum anderen in Frankreich bzw. Belgien, wo das Gegenteil der Fall war und der Anteil von 19,1 auf 15,7 % bzw. von 7,1 % auf 5,9 % zurückgegangen ist.

Zu den Schaubildern 4 und 5

Die dänische Bevölkerung macht 1,6 % der Gesamtbevölkerung der EG aus, jedoch leben nur 0,8 % aller Armen der EG in Dänemark. Belgien stellt 3,1 % der EG-Bevölkerung, hat jedoch nur 1,2 % der Armen der Gemeinschaft. Im Vereinigten Königreich und in Portugal dagegen ist das Verhältnis umgekehrt. Die Bevölkerung des Vereinigten Königreichs entspricht 17,6 %, die Portugals 3,2 % der Gesamtbevölkerung der EG, während beim Anteil der Armen der Gemeinschaft in diesen Ländern ein Prozentsatz von 20,7 % bzw. 6,7 % erreicht wird.

Schaubilder 4 und 5

Geographische Verteilung der Armut 1985 unter 50% der Ausgaben je Erwachsenenäquivalent im Landesdurchschnitt)

Arme

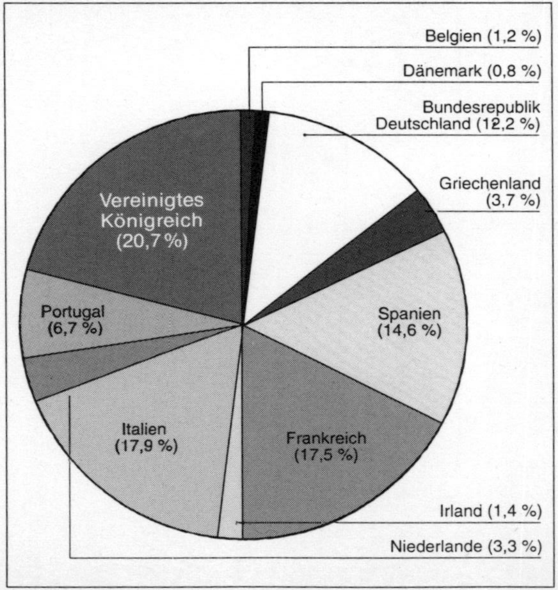

Bevölkerung

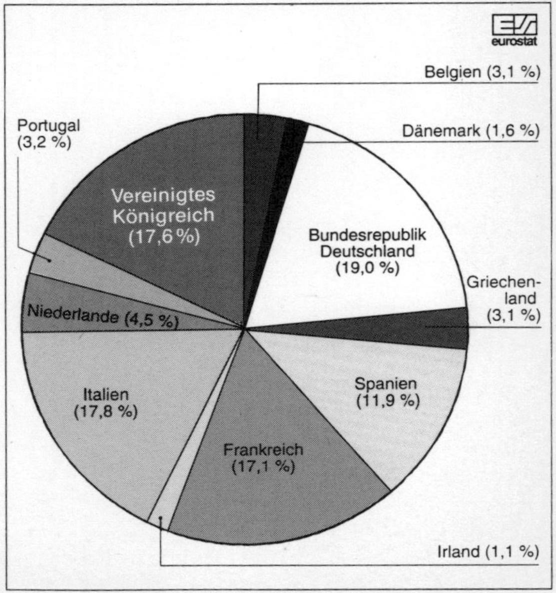

(¹) Ohne Luxemburg.

(Schaubilder entnommen aus: Sozialporträt Europas, (Hg.) Amt für amtliche Veröffentlichungen der EG, 1991, S. 79)

Schaubild 6

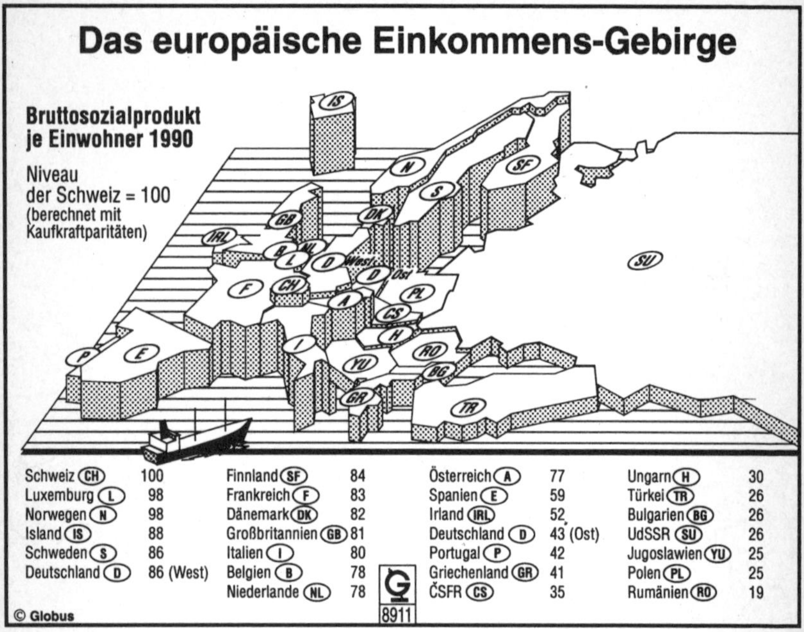

Schaubild 6 zeigt in der Einkommenssituation der Länder Europas das West-Ost-Gefälle ebenso wie das Nord-Süd-Gefälle. Die Überwindung der strukturellen Armut in den östlichen und südlichen Regionen wird zur zentralen Aufgabe Europas in der Wende zum 3. Jahrtausend.

Schaubild 7

Die größten Probleme in Spanien

Die höchste Arbeitslosigkeit innerhalb der EG wurde 1988 in Spanien registriert. Dort waren 2,9 Millionen Männer und Frauen – 19,8 % aller Erwerbspersonen – ohne Beschäftigung. Das bedeutet: Jeder fünfte Spanier, der arbeiten kann und will, war zur Untätigkeit verdammt. Ganz besonders schlimm ist die Lage für die spanische Jugend. Vier von zehn Arbeitskräften unter 25 Jahren stehen auf der Straße. Keine Probleme auf dem Arbeitsmarkt gibt es in Luxemburg. Dort herrscht bei einer Arbeitslosenquote von 2,5 % praktisch Vollbeschäftigung. Vergleichsweise gut schneidet die Bundesrepublik ab. Sie hat mit 6,4 % eine der niedrigsten Arbeitslosenquoten der EG. Bemerkenswert ist auch, daß die Bundesrepublik Deutschland das einzige EG-Land ist, in dem es keine speziellen Arbeitsmarktprobleme für Jugendliche gibt. Während in allen anderen Ländern die jüngeren Arbeitskräfte weitaus mehr von Arbeitslosigkeit betroffen sind als die älteren, gibt es bei uns zwischen jung und alt keinen Unterschied.

Globus

EG-Arbeitslosigkeit – Trend bis Mitte 1991:

»Eurostat« schätzt die Arbeitslosenquote in der EG für Juni 1991 – saisonbereinigt – auf 8,7 %. Damit hat sich die Quote seit 1988 in allen Mitgliedsstaaten – mit Ausnahme von Dänemark – leicht gesenkt. Allerdings bleibt die Arbeitslosenquote der Frauen mit 11,2 % deutlich höher als die der Männer mit 7,1 %. Überdies liegt die EG-Durchschnittsquote für jugendliche Arbeitslose noch immer bedenklich hoch bei 16,6 %. Extreme Werte in der Jugendarbeitslosigkeit weisen im Jahresdurchschnitt 1990 auf Spanien (31,9 %), Italien (29,2 %), Griechenland (24,8 %) und Irland (21,6 %).

Schaubild 8

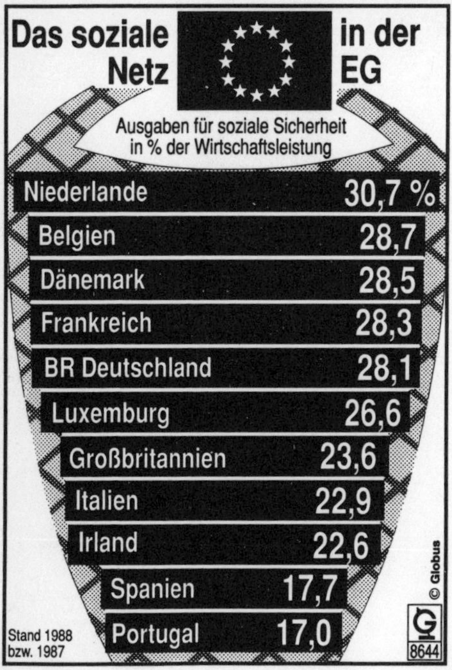

Das Verhältnis zwischen den Ausgaben für die soziale Sicherung und dem BIP[1)] gibt Aufschluß über den Umfang der Sozialleistungen. 1988 verhielten sich der höchste und der niedrigste Anteil wie ungefähr 1:2. Den größten Anteil weisen die Niederlande auf (etwa 31 %), bei fünf Ländern bewegt er sich zwischen 29 % und 27 % (Belgien, Dänemark, Frnakreich, Bundesrepublik Deutschland, Luxemburg), bei drei Ländern erreicht er etwa 23 % (Vereinigtes Königreich, Italien und Irland) und bei zwei anderen etwa 17 % (Spanien, Portugal).
Diese Zahlen gelten (nach »Eurostat« 4/91) mit geringen Abweichungen auch für 1989 und 1990.

---

1. d. h. das Bruttoinlandsprodukt eines Staates

Schaubild 9

Für die soziale Sicherung aufgewendeter Prozentsatz des BIP und Höhe des BIP pro Einwohner – 1988

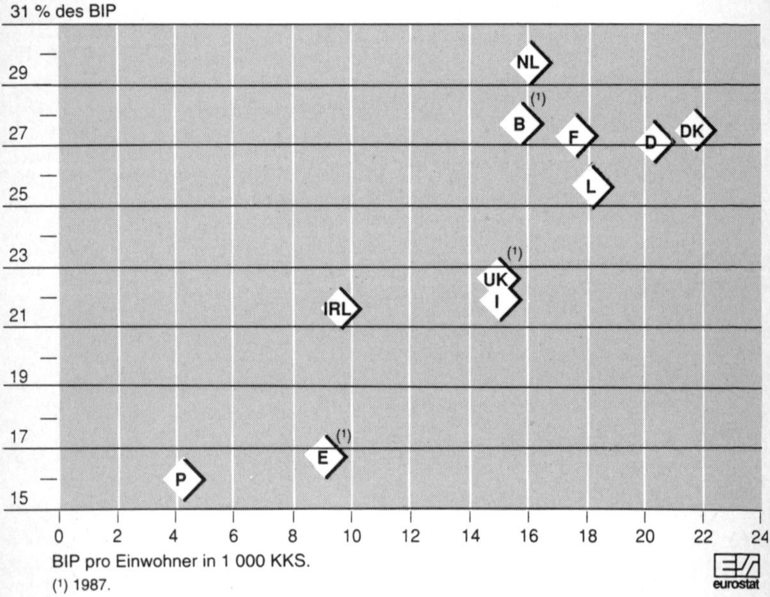

(»KKS«, heißt »Kaufkraftstandard« und entspricht ca. 1,90 DM.)

(Schaubild entnommen aus: Sozialporträt Europas, (Hg.) Amt für amtliche Veröffentlichungen der EG, 1991, S. 82)

In Schaubild 9 sind die Prozentzahlen der Aufwendungen für die soziale Sicherung in den EG-Ländern (vgl. Schaubild 8) in Beziehung gesetzt zur Höhe des Bruttoinlandprodukts pro Einwohner. Dabei wird deutlich, daß die reicheren Länder den größten BIP-Anteil für die soziale Sicherung aufwenden; die Leistungsempfänger dieser Länder sind also gegenüber denen weniger begünstigter Länder zweifach im Vorteil: Sie genießen einen höheren Lebensstandard und höhere Sozialleistungen.

Quellen der Texte und der Schaubilder

1. Kommission der Europäischen Gemeinschaften/Amt für amtliche Veröffentlichungen der Europäischen Gemeinschaften (Hg.): Ein europäischer Sozialraum für 1992 von Patrick Venturini, Brüssel/Luxemburg 1988.
2. Amt für amtliche Veröffentlichungen der Europäischen Gemeinschaften (Hg.): Sozialporträt Europas, Brüssel/Luxemburg 1991.
3. Amt für amtliche Veröffentlichungen der Europäischen Gemeinschaften (Hg.): Europa in Zahlen. Zweite Ausgabe, Brüssel/Luxemburg 1989.
4. Der Bundesminister für Arbeit und Sozialordnung (Hg.): Leben und Arbeiten in Europa, 2. Band, Bonn 1990.
5. »Eurostat« Schnellberichte. Bevölkerung und soziale Bedingungen: Der Sozialschutz in Europa (1980 bis 1989), Heft 4, (Hg.) Statistisches Amt der EG, Luxemburg 1991.
6. »Eurostat«. Bevölkerung und soziale Bedingungen: Arbeitslosigkeit in der Gemeinschaft, Heft 8/9, (HG.) Statistisches Amt der EG, Luxemburg 1991.